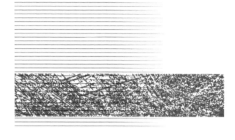

嵌套

B市加油工的工作与生活

宫宝涵　宋琦　沈原　著

劳动

NESTED

The Work and Life of
Gas Station Attendants in B City

LABOR

社会科学文献出版社
SOCIAL SCIENCES ACADEMIC PRESS (CHINA)

前　言

探索劳动的多样化形态

劳动必定展示出不同的形态，这个观点始自马克思。马克思在《资本论》里把劳动区分为"抽象劳动"和"具体劳动"两个范畴。"抽象劳动"是指人类在劳动过程中支出的体力和脑力，自霍克希尔德以来还应加上情感。体力、脑力、情感三者构成"抽象劳动"的基本要素。"具体劳动"是指人类劳动在各种有用形式下的使用，农民割麦、裁缝制衣、铁匠打铁等都属于"具体劳动"。在马克思看来，任何劳动都是"抽象劳动"和"具体劳动"的统一，或者说，劳动者在任何一个劳动过程中都会共时态地支出"具体劳动"和"抽象劳动"，按照"劳动价值论"，"具体劳动"和"抽象劳动"分别创造不同的价值。但我们在此关心的只是劳动形态而不涉及价值创造。

马克思本人似乎并未对具体劳动本身内在具有的多样性特征加以详尽界定。但他的陈述无疑包含这样的思想："抽象劳动"是单纯和稳定的，而"具体劳动"则是复杂和多变的，即"具体劳动"具有多样化的特征。将这个观点运用到当代工业社会即可看到，分工愈发达，协作愈普遍，劳动就愈会展示出多种多样的形态。从劳工社会学角度看，多样化的劳动形态正是构成无比丰富、纷纭复杂的现代社会生活的根基，而探讨多种多样的劳动形态及其对工厂政体和劳工本身的塑造，也就构成马克思主义传统的一个重要研究路径：布雷弗曼以悲怆笔调描述的"去技能化"劳动、布洛维透过对"赶工游戏"的细腻描述而展示出车间工人的能动工作，以及近年来学者们在关于服务业劳动的精致民族志作品中借助"情绪劳动""美学劳动"等范畴对劳动中情感因素的深刻探讨，都是沿着这条路径向前行进的。

但是深化了劳动研究的绝不只是上述那些位列学术殿堂的大师级人物。摆在我们面前的这部《嵌套劳动：B市加油工的工作与生活》也可称为探索劳动多样化形态的一个重要尝试。撰写本书的两位年轻学者透过对B市三百多座加油站及两千多位加油工的田野调查，描绘出一幅加油工劳动和生活的独特风貌。本书的一部分是以宫宝涵的社会工作专业硕士学位论文为基础而形成的，其时他虽在清华大学社会学系念书，但一直未曾脱离工作岗位。本书的另一位作者宋琦则在清华大学社会学系攻读硕士学位后，成为美国西北大学社会学系的博士候选人。两位作者的作品表明，即便是在硕士阶段也完全具有做出独特学术贡献的可能，只要路子选得对头，只要功夫下到深处。

在细致描写加油工的工作和生活的基础上，本书形成的核心概念有二：一为"嵌套劳动"，二为"做服务"。作者试图用"嵌套劳动"概括加油工劳动的基本特征。所谓"嵌套劳动"是指加油工在工作过程中，将加油和推销两种不同的工作嵌套在一起，放在同一个工作过程中加以实现。我国的加油站本来是并不配套便利店的，除了油品之外，最多也只是配售一些车辆相关的商品，如润滑剂、玻璃水等。在销售这些与车辆相关的商品基础上发展为销售粮食、食品、饮料、糖果、日用杂货等的便利店，据说是改革后从发达国家学习的结果。配建便利店后，加油工就需要在为车主加油的"驻留时间"内，向车主推销各种商品。便利店进了大米，就推销大米；便利店进了食用油，就推销食用油。这一类商品往往体大量重，平时购买也需要车载，利用加油时刻购买，装在车子上拉回家，也算有一举两得之美，方便了顾客，而且会给加油站增加收入。不过，这样一来无疑会加重加油工的工作强度：将推销纳入加油的工作进程，"毕其功于一役"。

加油工在劳动过程中直面顾客，自然会碰到各色人等。在从引车入位、提枪加油到推销商品的完整劳动过程中，加油工与顾客发生各种误解和纠纷在所难免。但在一般情形下，这些误解和纠纷都不会发展为冲突。哪怕顾客无理取闹，态度蛮横，也断难见到加油工的对抗行为。相反，他们多半采取忍辱负重、"唾面自干"的方式加以隐忍，以期息事宁人。之所以如此，盖因支配其劳动的意识形态因素使然。马克思所讲"人类劳动的脑力因素"绝不限于劳工把握工艺所需的悟性和理解，还应包括多方面的精神活动，其中就包括了由外部意识形态灌输而塑造的特定认知。自加油工入职之日起，管理层即通过加油站这个工作体制节点，将"做服务"的意识形态灌输到他们头脑中，日复一日，不曾停息。随着石油企业的市场化改革，其面对加油工灌输的意识形态亦由"销售导向型"向"服务导向型"转变，"顾客至上、服务第一"的理念经由整个产业系统层层传递下去，并通过各种机制加以维系：不仅依靠常规的规训和教育，而且依靠加油工独特的集体生活方式，以及覆盖在职业关系上的兄弟情谊。所有这些都有助于牢固地维系"做服务"的意识形态并以此支配加油工的日常劳动。

围绕着"嵌套劳动"和"做服务"这两个核心范畴，本书试图细致地揭示加油工的工作与生活的方方面面。B市加油工的主体部分依然为流动进城的农民工，占比近70％。他们进入城市加油站，在这里工作、生活。一般来说，城市加油站多半靠近街区设置，他们理应与临近社区形成一定的互动关系。然而调查发现，这些加油站却类似于在城市海洋中星罗棋布的"孤岛"，点缀在街区之旁。加油工被封闭在"孤岛"中，成为我们这个社会中"熟悉的陌生人"。车主们驱车入站，只需对他们说一句"95号加满"，就基本上不再主动与他们攀谈什么了。如果他们不前来推销商品，那简直就是立于车主面前的"透明人"。大概被人"视若无物"就是如此吧。本书为我们理解这些"熟悉的陌生人"及其劳动过程提供了线索。

如前所述，劳工社会学始终在探索劳动多样化形态的道路上前进，长久以来未曾止步。据我所知，目前国内学界正在进行的相关研究还有多种，例如，北京社科院马丹博士关于公路货运业中性别与劳动的研究，华中师范大学社会学院郑广怀教授团队所从事的对"快递小哥"之"下载劳动"的研究，浙江大学社会学系吴桐雨博士对数据业"码农"之"标注劳动"的研究，以及张心怡博士对"字幕组翻翻"之"兴趣劳动"的研究，等等。相信这些作品在不久的将来陆续问世后将会极大地增加关于劳动多样化形态的研究，从而为劳工社会学的大厦加砖添瓦。

最后要说一说本书的风格和样式。本书仍然是以"调查报告"的形式出版的——实际上，它可被称为我们业已出版的多部《中国卡车司机调查报告》的姊妹篇。正如我在先前反复讲到的，眼下我们正在尝试将具有学术支撑点的调查报告建造为学术著作的一种新样式。请注意这里的"学术支撑点"几个字。在本书中，"嵌套劳动"和"做服务"就是两个基本的学术支撑点。具有学术支撑点的调查报告显然不同于通常的调查报告，它不仅是若干经验调查资料的汇集和表述，而且传达了概念和理解的力量。因此，前者远较后者深刻，并为进一步的学术探讨指明了方向。我们之所以如是去做，盖因试图避免当下社会学界"过度理论化"和"低度理论化"的两个极端。"过度理论化"是指在一个研究中，经验材料尚未得到充分展示，就已匆忙加上一顶理论的大帽子；所提出的概念未曾得到经验数据的有力支撑。"低度理论化"则指满足于经验材料的堆砌而放弃了理论解读的工作；或许根本就丧失了对经验素材加以概念化的能力。我们则试图从这两者之间穿行过去。一方面，我们尝试借用调查报告的形式，以求尽可能多地容纳调查所得的经验内容，从而为读者形成自己的判断留下余地；另一方面，我们又尝试在经验基础上形成某种学术概念，为读者的深入理解和今后的研究发展搭建桥梁。《嵌套劳动：B市加油工的工作与生活》恰恰立足于此种尝试的肇始阶段上。此种尝试终会成功吗？它是否会引起那些腹内空空而又好为大言的"学界判官"的不快，而被扣上"不够学术"的帽子呢？我们的答复是：无须理睬。按老马克思所引用的但丁的名言去做就是："走自己的路，让别人去说吧。"

目　录　▷▷▶▦▦▦

第一章 研究对象和研究方法

引 子
——加油工：都市中熟悉的陌生人

2018 年春夏之交，笔者驾车驶入 B 市某加油站。加油工安插好油枪后，走到车辆尾部，俯身在尾气管上抹了一把。紧接着快步走到车窗前，向笔者伸出黢黑的手指说："大哥，您这车积碳也太严重了，您看我这手，发动机里全是灰呀！再这样下去车就废了！给您加一瓶 KL 燃油宝吧，这是咱们 Y 公司自己的产品，比 4S 店的强多了，加完积碳全洗掉，车立马跟新的一样，今天打折最后一天……"加油工的推销话语十分娴熟，但笔者反复表示不愿购买。加油工见状又说："您看，大哥就是心疼钱，您问问嫂子应不应该加。"笔者立刻对这种激将法表示十分反感，不再搭茬。加油工见气氛不对，沉默片刻又问道："这么热的天，大哥，要不您带箱水吧，W 偏硅酸水，咱们 Y 公司最新推出的，现在试卖，半价，比×××水（某廉价矿泉水）都便宜。"听闻后，笔者想到矿泉水恰逢所需，又有感于加油工的殷勤，随即点头同意。加油工立马将"W 偏硅酸水"搬上了后备厢。这时，油还没加完。

事后回忆，笔者在进入加油站前并没想过要买其他东西，但加油工的推销话语却处处"切中要害"，短短两三分钟，就促成了一项计划外的消费。笔者马上联想到，这种经历先前已经遇到过多次，且每次的话术都很类似。看来，这应该不是加油工的个人行为，很可能是有组织的集体行为。而一直以来，我们认为加油工的工作就是简单的加油、挂枪。那么，他们为什么要推销？这种推销是怎么组织的？收益如何分配？这些问题久久萦绕在笔者脑海中。

作为现代都市重要的基础设施，加油站几乎"无所不在"。加油工直接或间接地影响着我们每个人的生活，但他们却是都市中"熟悉的陌生人"。在人们眼中，加油工可谓默默无闻，似乎只是加油机的"附庸"和"延伸"。对于他们是谁、来自何方、怎样劳动，人们知之甚少。

但是，一次简单的推销，却让笔者展开了联想。看来加油工群体并不像表面上那样简单。我们与加油工之间"熟悉"而又"陌生"的状态，赋予了调查研究讨论和探索的空间。那么，加油工具有怎样的群体特征？生存状态如何？面临哪些困难？加油站生产政体①有何特点？对此的社会学研究尚属空白，而本调查正将致力于此。

本调查将以 B 市加油工为研究对象，本着社会学视角，全面探究 B 市加油工的工作、生活和困境。诚如上文所述，加油工是一个既常见又陌生、既同质又多元的群体。他们仿佛千人一面——服装相似、动作相似、话语相似，以致大多数人都不会仔细打量他们一眼。但加油工也是一个多元化的人群，仅从笔者的加油经历来看，既遇到过一口京腔的北京大爷，也见到过声调婉转的闽南小妹；既见过都市里熙来攘往的国营大站中的加油工，也见过乡野间门庭冷落的个体小店中的加油工。那么，这些加油工的境况是否雷同？为做好这个研究，我们认为，至少有三个层次是本研究必须探明的。

一是作为"自然人"的加油工。包括他们的性别、年龄、户籍、学历、家庭状况、日常生活等。这些内容属于基本的社会人口学特征，是我们勾勒加油工群体轮廓的重要素材，也是开展进一步研究的基本出发点。

二是作为"组织人"的加油工。作为一项针对职业人群的研究，我们需

---

① "生产政体"（Factory Regime）又称"工厂体制"，是劳工社会学的基本概念，由美国社会学家布若维首次提出。主要强调具体劳动活动的制度性组织条件和组织机制，亦涵盖社会关系、意识形态建构等非制度化方面。此概念用于分析具体劳动现象时，一般包含劳动过程、劳动力再生产、市场竞争、国家干预四个维度。本书将数次把此概念作为分析框架，框定影响加油工劳动过程，以及影响劳资共识的各类因素。

要将研究对象置于组织环境中加以把握。首先，我们要考察 B 市加油站行业的总体情况，了解加油工所处的职业生态；其次，要考察加油工在组织中的结构性位置，包括组织架构、岗位分布、管理模式等；最后，我们要重点考察加油工在组织中的行为模式，包括劳资互动、劳客互动，以及他们与政府部门的互动等。对"组织人"的研究，将是本研究的核心点。

三是作为"社会人"的加油工。包括他们的社会认知及其与社群、社区和社会的关系。这些内容是影响加油工处境、决定加油工行动和选择的重要因素，也是我们准确定位加油工社会角色的指南。

"自然人"、"组织人"和"社会人"，是我们深入剖析加油工群体的三个层次。当然，在本报告中，我们关于这三个层次的着墨比例将各有不同，文字表述也可能互有穿插。在本章中，我们将首先探寻加油站行业的总体情况，并介绍我们的研究方法。

一 B 市的加油站行业

（一）B 市加油站行业概况

B 市是我国北方核心大都市，是全国政治、文化、科技创新和国际交往中心，常住人口和经济总量均居全国前列。截至本调查开始时的 2018 年第二季度，B 市共有加油站 1053 座①，加油工约 1.4 万人②。在加油站最密集的区域，单站辐射半径可小至 0.9 公里③。这些加油站每年对外销售汽油超过 480 万吨，柴油超过 130 万吨④，即平均每年每站销售油品⑤约 5800 吨，

---

① 本研究中的"加油站"仅包含正在营业的"经营性"加油站，即对全社会公开经销油品的加油站，不包括部队、国家机关、公共服务部门（如公交公司、环卫公司）内部的"非经营性"加油站。

② 关于加油工人数的统计方式，后文有专门的详细描述。

③ 即每 0.9 公里为半径的圆形区域内就有至少一座加油站，此半径越小，表明加油站越密集。

④ 数据来源于 B 市 2018 年统计年鉴。

⑤ 各种国家和地方标准均把加油站销售的汽油、柴油等统称为"油品"。

折合约 780 万升。如果按照每车每次加油 50 升来粗略估算，B 市加油站每年要为超过 1.6 亿车次加油，即平均每年每站要加油约 15.6 万次。

B 市加油站的经营主体十分复杂，包含国有、民营、外资等多种所有权形式。其中最主要的经营者是中石化和中石油①两大央企。2018 年，中石化和中石油分别在 B 市经营加油站 500 多座和 160 多座，共占 B 市加油站总数的六成以上。除两大央企外，最大的经营者是民营企业 LG 集团，其在 B 市经营的加油站总数为 30 座。同时，B 市的一些大型国有企业，如 SQ、BQ、ZH、LY 等分别经营加油站几座到二十几座不等。外资企业也占有一定的市场份额，QP 和 DE 两家外企共在 B 市经营近 40 座加油站。

加油站是汽车社会的重要基础设施。在 2017 年国家统计局编制的《国民经济行业分类和代码表》（GB/T 4754）中，加油站行业属于"零售业"门类下的"机动车燃油零售"小类。毋庸置疑的是，机动车是加油站的最主要服务对象，行业的兴衰与居民用车情况息息相关。B 市作为国内核心大都市，在全国率先进入汽车社会②。数据显示，自 2000 年以来，B 市的机动车总量呈爆发式增长。2000 年，B 市共有机动车 150.7 万辆③。仅仅三年之后的 2003 年，机动车总数就突破了 200 万辆。2007 年，突破 300 万辆。2009 年，又突破 400 万辆（见图 1 - 1）。到 2018 年，B 市机动车总量已达 600 万辆④，千人机动车保有量达到 279 辆⑤。

然而，同期 B 市的加油站总数并没有发生多大变化。按照 B 市统计年鉴和《加油站行业发展规划（2009 年—2015 年）》的公开数据，1998 年，

---

① 鉴于这两家企业的情况已经为全国人民所熟知，且他们旗下加油站的情况可在各种公开途径中查到，我们在本书中不再对其名字做学术匿名处理。

② 2010 年，国务院发展研究中心和中国汽车工程学会在发布的"汽车蓝皮书"中，建议把 2009 年设定为中国"汽车社会元年"。理由是当时城市中百户家庭汽车拥有量已超过 20 辆，超过国际公认标准。从 B 市的情况来看，2011 年 B 市百户居民私人汽车拥有量已达到 60 辆，领先全国。

③ 以下所有关于 B 市机动车保有量的历史数据均来源于 B 市交通委官方统计资料。

④ 数据来源：B 市公安交管局公开数据。

⑤ "千人汽车保有量"是由世界银行公布的、公认的衡量一个国家汽车社会发展程度的指标。根据 2019 年世界银行公布的数据，中国千人汽车保有量为 179 辆。

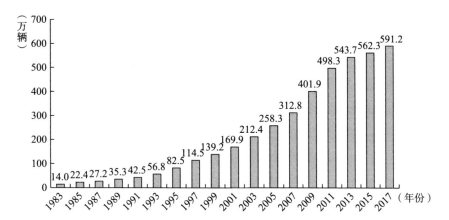

图 1 - 1 B 市历年机动车保有量变化情况

资料来源：B 市公安交管局官方公开数据。

B 市加油站总数已达到 942 座。到 2003 年，加油站总数为 1057 座。到 2008 年，加油站总数为 1074 座，仅比 5 年前增加 17 座。到 2013 年为 1075 座。而截至我们调查开始时，B 市的加油站总数不仅未见增加，反而略微减少（见图 1 - 2）。

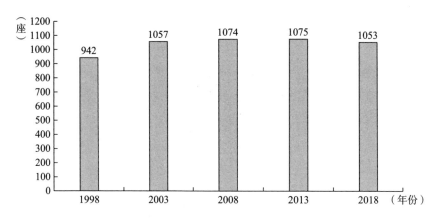

图 1 - 2 1998 ～ 2018 年（部分年份）B 市加油站总数变化

资料来源：2018 年 B 市加油工社会调查。

按常理，油品的需求必然随着机动车总量的增长而同步增多。从 2003 年到 2018 年，B 市的机动车总数增长了 182.5%，但同期的加油站总数反而略有减少。可见，B 市的加油站行业呈现一种"车增站不增"的反常局面，

单站服务车辆数从 1998 年的 0.13 万辆，增加至 2018 年的 0.57 万辆（见图
1-3）。

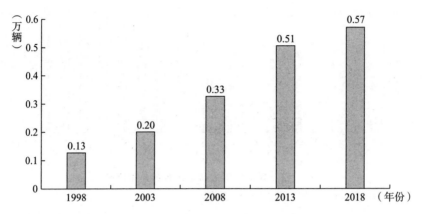

图 1-3　1998~2018 年（部分年份）B 市平均每座加油站服务的车辆数
资料来源：2018 年 B 市加油工社会调查。

　　那么，形成这种局面的原因是什么？毋庸讳言，市场机制并未在加油
站行业中发挥决定性作用。加油站行业作为整个石油行业①的终端出口，事
关国民经济命脉，必然受到来自行政体制的规制。那么，B 市加油站行业的
行政管理体制是怎样的呢？接下来，我们将回溯 B 市加油站行业的历史。

（二）B 市加油站行业体制历史沿革

1. 非市场化阶段（1949~1992 年）

1992 年以前，B 市没有真正意义上的油品零售市场。

　　在计划经济体制下，国内实行成品油②统供统销。这一时期，中央一级
石油行业管理部门经历了从石油工业部（1955 年）—燃料化学工业部
（1970 年）—石油化学工业部（1975 年）—石油工业部（1978 年）—国家
能源委（1980 年）—石油工业部（1982 年）—能源部（1988）的机构设置

---

① "石油行业"是一个大概念，包括石油勘探、开采储运、加工、批发和零售等诸多方面，
加油站行业（成品油零售）是石油行业的组成部分。

② "成品油"是一个与"原油"相对的概念，指经过炼化加工后可供使用的石油制品。加油站
销售的所有油品均为成品油。在大多数场合和文件中，加油站等同于"成品油零售企业"。

变化。与此同时，地方设有省级、市级、县级石油公司，名义上以公司形式存在，但实则是地方政府的直属机构，兼有政府和企业职能。

虽然改革开放后社会对于油品的需求快速增加。但是，限于固有体制，改革初期各地的加油站仍处于地方石油公司统一建设、统一经营的状态，发展十分缓慢。数据显示，直至1985年，全国仅有加油站3600座。当时的B市作为坐拥近千万人口的大城市①，加油站总数仅有几十座。一时间，"加油难"成为比较突出的社会问题。

随着我国市场化改革的不断深入，石油行业的变革也开始逐步酝酿。1982年，中海油总公司成立。1983年，中石化总公司成立。而1988年则是石油行业改革的分水岭，这一年，石油工业部撤销，在其基础上组建了中石油总公司。自此，中石油、中石化、中海油"三大央企"分治的局面正式确立，石油行业开始迈入市场化时代。但是，这一时期的变化主要集中于国家顶层设计，对于B市的加油站行业并未产生直接影响。

2. 高速市场化阶段（1992 ~1998年）

三大央企成立后，各地加油站行业开始逐渐"松绑"。在1992年邓小平南方谈话后，国家一方面取消了石油销售限价，另一方面开始允许民营资本进入加油站市场。第二年（1993年），B市石油期货交易所就宣告成立，成为这一时期B市石油行业市场化的标志性事件之一。一时间，社会各方踊跃进军加油站行业，行政垄断造成的市场"堰塞湖"瞬间开闸，大大小小的加油站如雨后春笋般建设起来。到1998年，B市加油站总数已膨胀至900多座。

随着民营资本"逐鹿"加油站，有研究者指出，这一时期全国加油站中民营企业的占比最高时可能达到85%②。从B市的情况来看，1998年B市的942座加油站中，由国营石油公司控制的仅有区区78家。其余加油站的经营主体则十分复杂。据B市石油流通行业协会（以下简称行业协会）

①　数据显示，1985年B市的常住人口数量已达到981万人（数据来源于《中国人口统计年鉴1985》）。

②　邓聿文：《政府应强制两巨头给民营油企留条生路》，《商界（评论）》2008年第11期。陈仕新、万静：《垄断法出台　民营加油站盼能合法竞争》，《经理日报》2008年7月27日。

介绍，彼时除大量民资进入市场外，国有企业、科研院所、市政府部门、乡镇政府、村社集体也都争相办起了自己的加油站。甚至一度出现了部门跑规划、企业出资金、集体出土地，最后三家占股分红的混合业态。

但是，加油站行业很快就发展到"一放就乱"的态势。由于当时政府对加油站行业尚无统一规划，审批权由各区县掌握，市场膨胀过快过猛，投机味道强烈，恶性竞争频发，偷税漏税、倒卖走私等现象也时有出现，市场面临失序。一场大规模的"清理整顿成品油市场秩序"的行动亟待开展。

3. 有主导的多元化阶段（1998年至今）

1998 年，是全国石油行业的又一个转折之年。"大改革""大重组"成为这一年的主题。

首先，国家计委下发《关于印发〈原油成品油价格改革方案〉的通知》（国家计委〔1998〕52 号），正式取消成品油政府定价机制，油价开始逐步与世界市场接轨。其次，中石油、中石化进行重大重组，由"总公司"更名为"集团公司"，其大部分行政职能被发改委、国土资源部等国家部委上收，被改造为真正具备现代公司意义的企业。

同年，中石油和中石化"划河而治"的局面宣告形成。华东、华中、华南等区域被划为中石化的势力范围，而华北、西北、东北、西南则被划分为中石油的地盘，两大集团泾渭分明。其中，B 市被划为中石化"辖区"，从此奠定了 B 市加油站市场由中石化"话事"的格局。此后直到 2001 年，B 市才有第一家中石油加油站出现。

大重组让加油站看到了进一步市场化的曙光，然而，紧随其后的却是一轮反向调控。1999 年 5 月，《国务院办公厅转发国家经贸委等部门关于清理整顿小炼油厂和规范原油成品油流通秩序的意见的通知》（国办发〔1999〕38 号，即后来著名的"38 号文"）下发，其中指出，成品油批发零售企业过多、加油站重复建设、管理混乱，导致成品油市场秩序失控。因此，需依法对各类加油站进行清理整顿。2001 年，《国务院办公厅转发国家经贸委等部门关于进一步整顿和规范成品油市场秩序意见的通知》（国办发〔2001〕

72号）要求对成品油市场实施严格的准入制度。同年,《国家经济贸易委员会　建设部　国家工商行政管理总局关于严格控制新建加油站问题的通知》（国经贸贸易〔2001〕543号）下发,规定"各地区新批准建设的加油站统一由石油集团、石化集团负责建设。其他企业、单位和个人不得新建加油站"。

一系列政策给加油站市场泼上一瓢冷水,民营加油站生存环境急转直下。耐人寻味的是,在行业整体萎靡的同时,中石化和中石油两大集团却上演了一出面向社会加油站①的收购大戏,使民营加油站阵营大大缩小。当时的状态在许多官方媒体上都可见报道:

> 但在1998年以后,民营企业遭遇到了不公平、不平等的待遇,许多民营企业倒闭关门退出市场,目前民企的市场份额已经由1998年的85%缩小到46%……这些文件导致了成品油市场的垄断,决定了民营企业的生存和死亡问题。从那时起,民营石油流通企业便拿不到油源,开始逐步走向死亡②。
>
> 1998年,中国石油天然气集团公司和中国石油化工集团公司宣布成立,随后国务院下发了"38号文件",要求国内各个炼油厂生产的成品油要全部交由石油集团、石化集团的批发企业经营,其他企业、单位不得批发经营,各炼油厂一律不得自销。一方面,加油站作为进入市场的最后关口,开始成为两大石油巨擘疯抢的目标,而另一方面,随着我国逐步兑现WTO承诺,外资石油巨头也纷纷来华抢占市场份额。这种市场变化,使得像张某这些投资成品油终端零售的企业命运发生了逆转,很多民营加油站无奈被收购,能够留下的大多经营惨淡,有些被迫关门歇业③。

---

① "社会加油站"习惯上泛指非中石油和中石化经营的加油站,后文会有明确界定。
② 《下决心打破石油行业行政垄断》,人民网,http://finance.people.com.cn/n/2012/1212/c351122-19877253.html,最后访问日期:2021年11月22日。
③ 《张志勇:建好人生的"加油站"》,搜狐网,https://www.sohu.com/a/118725665_481646,最后访问日期:2021年11月22日。

有学者将这一时期的状态称为"寡占竞争"。所谓寡占竞争，就是指同一种商品的市场上只有少数几家垄断企业之间竞争，垄断的企业就是寡头企业①。在这个大背景下，B市民营加油站数量开始大量萎缩，中石化加油站数量大幅上升。数据显示，1998～2000年，中石化在B市经营的加油站总数从78座猛增至433座，三年增长4.6倍。中石化加油站的比例从1998年的不到10%，飙涨到2000年的40%多（相关趋势见图1-4）。2001年，另一巨头中石油也开始在B市收购加油站，并于7年内快速增加到210座。到2008年，B市加油站中两大集团经营比例达到最高峰的70%，权属格局就此奠定（具体情况见图1-5）。

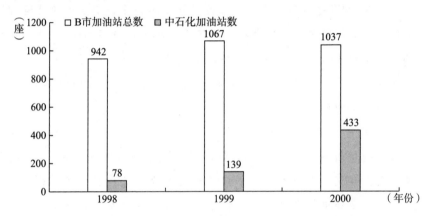

图1-4 1998～2000年B市加油站总数与中石化加油站数对比

资料来源：2018年B市加油工社会调查。

值得一提的是，虽然经历了一段时间的"国进民退"，但随着各行业市场化改革的不断深入，加油站市场也很快迎来了重启。几个里程碑式的事件是：2001年，中国在加入WTO前承诺三年内开放成品油零售市场；2004年，外国石油企业开始在国内建站，B市也兴起了一批外资加油站（但外资进入的条件是，经营超过3座加油站就必须与中方合资，并由中方控股）；2005年，国务院发布《关于鼓励支持和引导个体私营等非公有制经济发展的若干意见》（国发〔2005〕3号），因文件内容共36条，被简称为"非公经济

---

① 王丹：《中国石油产业发展路径：寡占竞争与规制》，中国社会科学出版社，2007。

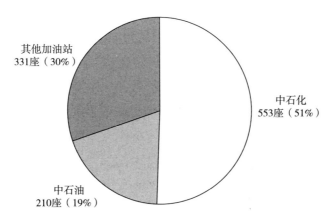

图 1－5　2008 年底 B 市不同经营权性质加油站数量及占比情况

资料来源：2018 年 B 市加油工社会调查。

36 条"，进一步为民营企业"松绑"；2006 年，商务部在发布《成品油市场管理办法》（商务部令〔2006〕23 号），进一步放宽成品油市场准入条件；2008 年，国家发改委、商务部下发《关于民营成品油企业经营有关问题的通知》（发改经贸〔2008〕602 号），在实质上放开了对民营资本经营加油站的束缚；2018 年 6 月，国家发改委、商务部在发布的《外商投资准入特别管理措施（负面清单）》（2018 年版）中又取消了外资加油站由中方控股的限制，这标志着加油站市场的全面开放。

我们看到，2008 年以后，民营资本在 B 市加油站行业再度活跃起来，LG、ZF、YB、RFT 等一批颇具规模的加油站企业，在经历了大变革后逐渐稳定并蓬勃发展。但不得不说，中石化和中石油主导市场的情况依然存在，因此，有论者将这个阶段的状态概括为"有主导的多元化竞争"[1]。2019 年，B 市商务局发布《关于取消和下放石油成品油经营资格审批权限有关工作的通知》，宣布再次将成品油零售审批资质下放给各区政府。这标志着行业准入有望全面放开，审批难度将大大降低。至此，B 市加油站行业在 28 年内走过了一个轮回，审批权"下放—上收—再下放"。

---

[1]　梁波：《中国石油产业发展范式变迁的组织社会学分析（1988—2008）》，博士学位论文，上海大学，2010。

至此，我们回溯了B市加油站的发展历史。后文的分析中，我们将多次回到这段历史，寻找今日一些现象的历史渊源。在经历了"封闭—开放—收窄—全面开放"的过程之后，B市加油站行业格局基本定型。难以想象的是，那些外观上并无二致的加油站，其产权归属可能大相径庭。在经历多次"洗牌"之后，加油站的经营权属也可能发生过多次变更。因此不难想象，B市加油站是多元的、异质化的。对于我们的调查来说，需要对这些加油站进行科学合理的分类。

（三）本研究对B市加油站类型的划分

在进行田野调查前，我们对B市加油站进行了归类。主要目的有两点，一是通过分类进一步加深认识，为后期分析筑牢基础；二是方便分层抽样，为田野工作做好准备。为此，我们对行业协会进行了访谈，又走访了B市大多数加油站行业主管部门，了解了各单位关于加油站分类的方式。尽管方式不尽相同，但我们充分了解了每种方式的主要依据和流变。综合各方看法，我们最终选取了两个维度——"经营权性质"和"加油站规模"，作为分类的依据。

1. 经营权性质

在经营权性质维度，我们把B市加油站分为5类：

（1）中石化加油站（以下简称"中石化"）；

（2）中石油加油站（以下简称"中石油"）；

（3）其他国营加油站（除中石化、中石油以外的其他由国有资本运营的加油站，如B市的SQ、GL、LY、SF等国有企业，以下简称"其他国营"）；

（4）民营加油站（以下简称"民营"）；

（5）外资加油站（以下简称"外资"）。

数据表明，截至2018年下半年，B市共有中石化站536座，中石油站166座，其他国营站113座，民营站200座，外资站38座（见图1-6）。

主要分类依据说明如下。

在大量已有的对加油站的研究中，经营权性质都是重要分析对象。上

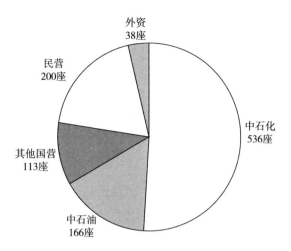

图 1 - 6　B 市加油站经营权分布

资料来源：2018 年 B 市加油工社会调查。

文曾提到，市场准入制度的变化往往会对加油站的权属造成重大影响。因此，诸多研究聚焦制度环境，并将民营资本和外资的准入作为研究主线，为我们的调查提供了很好的参考。而当我们聚焦于加油工群体时，发现加油站的经营权性质几乎是影响其生产政体的最主要因素，它为劳资博弈划定了组织、制度和结构上的边界。

　　需要特别说明的是，我们在这里选取的维度是"经营权性质"，而非"产权性质"。如前文所述，B 市加油站经营权与产权分离的情况比比皆是。在调查过程中，我们也发现了大量此类现象[1]。而与产权相反，经营权性质往往是可以一眼明辨的。经营者的名字也会明确标注在加油站的招牌上。因此，我们将"经营权性质"作为分类的依据，并在调查初期分为"国营"和"非国营"两大类。但是，在进一步调查后，我们发现这种分类方式仍不符合实际情况。

---

[1]　例如某些加油站现为外资经营，外观上"洋味"十足，但在其"两证一照"上的企业名称栏上标注着"××村加油站"或"××镇公路服务社"等"土味"名称，乍看之下令人十分费解。但进一步调查发现，此类加油站多为村镇集体所建，后在政策收紧时被要求"停业整顿"，又在重新放开后被外资租赁了经营权，才形成了这种土洋结合的怪现象。

第一，"国营－非国营"的二分法过于粗糙。例如，在国营加油站中，其经营主体既包括中石化等大型中央企业，也包括BQ公司这样的市属国有企业，两者的差异非常明显。具体来说，中石化在B市共经营加油站500多座，拥有庞大的公司机关，以及"市公司－区公司－加油站"的三级科层制管理体系，管理制度化水平极高，最高领导官居厅局级。而BQ公司虽同为国企，但其在B市仅经营7座加油站，实际操盘者只是BQ公司固定资产部的一位科级干部，与中石化的经营体制可谓迥然不同。因此，以"国营－非国营"的二分法分类，无异于把大象和猴子关进同一个笼子。

第二，"国营－非国营"的二分法不符合B市加油站行业分类惯例。我们实地走访行业协会后发现，行业协会将B市加油站分为"中石油"、"中石化"和"社会"三类，即，除将两大行业巨头经营的加油站单独列为一类之外，将其他加油站统统归入"社会加油站"行列。诚然，这样的分类方式也是粗糙的。但对于行业协会来说，这个分法也不无道理。因为与行业协会打交道的，主要是各大企业。其中，中石油和中石化两大巨头显然是行业协会必须加倍重视的"龙头老大"。而其他企业虽然性质各有不同，但企业规模总体都不大①，归为一类亦可以理解。我们在走访其他行政部门时也发现，"中石化"、"中石油"和"社会"的三分法能够得到行业内大多数人的认可。

但是，随着调查的深入，我们发现这种三分法也存在很大的问题，必须进一步加以修正。例如，同样是"社会加油站"，DE、QP两个品牌加油站为外资运营，其经营方式与内资"社会加油站"明显不同。同时，社会加油站中的国营站和民营站也是完全不同的两类组织，无须赘述。此外还有大量的"个体"加油站存在，其经营者只拥有一两座加油站。在这种加油站中，站长就是产权人，甚至还兼职会计。他们对劳动现场的组织管理方式也与大公司的经营模式呈现明显的不同。所以，我们把"社会加油站"进行了进一步细分，即分为"其他国营"、"民营"和"外资"。

---

① 上文已提到，除中石化和中石油外，B市最大的加油站经营方仅拥有30座加油站。

2. 加油站规模

在规模维度，我们根据加油站的汽油销售量①划分为大型站（年销售5000 吨及以上）、中型站（2000～4999 吨）、小型站（1999 吨及以下②）三类。数据显示，B 市共有大型站 408 座，中型站 320 座，小型站 325 座，具体分布见图 1 - 7。

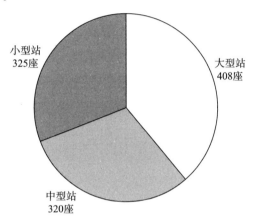

小型站
325座

大型站
408座

中型站
320座

图 1 - 7　B 市加油站按规模的分布情况

资料来源：2018 年 B 市加油工社会调查。

主要分类依据说明如下。

不难理解，不同规模加油站的经营管理模式是完全不同的。举例来说，我们调查中见到的规模最大的加油站位于 B 市北环边，全站每年仅汽油销量就有近三万吨，雇用加油工多达 42 人。现场车辆如织，加油工劳动节奏非常紧凑，几乎 24 小时都处于繁忙状态。而与之相比，我们见到的规模最小的加油站位于 B 市山区农村，只雇工 4 人，每日仅加油几十笔，太阳落山后还要关门停业。工作现场车辆稀少，加油工闲时还可养鸡、种菜。因

①　由于 B 市不发展轻型柴油车，柴油车数量仅为汽油车的 1/30。且柴油销售量有很强的时令性和偶发性（比如某个加油站附近有建筑工地开工，当年销量就会呈几何级数上涨）。因此，本研究将汽油销量作为判别加油站规模的标准。此外，《"十三五"挥发性有机物污染防治工作方案》中规定，年销售 5000 吨及以上的加油站需安装自动监控设备，即有关部门将 "5000 吨及以上" 作为大型站的参考标准。本研究遂沿用了这一分类方式。

②　B 市在《污染源第四批自动监控计划》中，将销量是否达到 2000 吨作为是否属于重点加油站的标准，我们也沿用了这种官方划分方式。

此，本调查依据销售规模对加油站进行分类，是符合实际情况的。

此外，通过调取大量相关数据，我们发现，加油站的规模和经营权性质关系不大，即二者没有显著相关性。B市加油站销售量排名前10的加油站中，上文列举的5类经营权性质的加油站都可以看到。而B市加油站中加油量排名前100的加油站里，各经营权性质加油站所占的比例与总体比例也几乎相差无几[1]。因此，基本可以排除两个维度之间的相互干扰。

需要特别说明的是，许多分类指标被我们舍弃掉了，主要的考虑是，本研究的研究对象是加油工，主要的关注点是"人"以及其"社会关系的总和"[2]。因此我们认为，那些不足以对加油工造成普遍影响的因素，皆可不采纳。

例如，根据国土规划部门的分类方式，占地1000平方米及以下的加油站被称为"小型站"，占地1001~2000平方米者被称为"中型站"，占地2001平方米及以上者被称为"大型站"。这个分类方式不可谓不科学，也非常易于操作。但是，通过调查我们发现，加油站的占地面积主要取决于早年间的土地规划，与现在的经营状况关系不大，更与加油工的群体特征、劳动过程、人际关系等无甚相关性，于是我们将这个方式舍弃了。再如，B市有关部门将加油站处在"X环"作为分类标准。但是，我们在提取相关数据后放弃了这种模式。主要原因是，B市的城市规划模式并非单一中心化，尤其是在各远郊区，其城市建设主要是围绕区政府展开的。同时，B市南北发展差异较大，"北X环"一般比"南X环"的发达程度高出不少。因此，很难说所处"几环"会与加油站的生产经营或周边环境有多大的相关性，就更遑论对站内加油工产生影响了。综上，本研究仅从"经营权"和"规模"两个维度进行分类。

---

[1] 由于相关数据可能暴露商业机密，本书不在此公开相关数据，仅使用结论。

[2] 马克思主义哲学关于人的本质的规定，是由马克思最早提出的。1845年春，马克思在《关于费尔巴哈的提纲》中写道："费尔巴哈把宗教的本质归结于人的本质。但是，人的本质并不是单个人所固有的抽象物，在其现实性上，它是一切社会关系的总和。"（《马克思恩格斯选集》第一卷，人民出版社，1995，第60页）

（四）B市加油站的企业管理结构

在 B 市的加油站中，除部分规模较小的民营加油站企业之外，均具有比较完备的管理层级系统。这个系统一般分为三层或两层。三层结构即"市公司"、"区域公司"和加油站，这种结构主要由中石化、中石油两大央企采用。作为在 B 市运营加油站数量最多的两大央企，中石化、中石油的管理层级系统均分为三层。第一层是"市公司"层，即这两大集团在 B 市的总部机关。总部机关均采取标准的科层化体制，设立各专业职能部门。如 B 市中石化公司下设 17 个综合管理部门、5 大专业中心和 1 个代管机构。第二层是"区公司"层，依据地理区域把所有加油站划为几个公司管辖。如中石油在 B 市设立了东南西北 4 个区域公司，中石化则在 B 市设有 9 个区域公司。区域公司以下的第三层就是"加油站"层，一个区域内下辖的加油站可达几十座。B 市其他公司经营的加油站数量明显少于"两巨头"，甚至达不到"两巨头"经营数量的零头。因此，其他公司多采用两层结构。即"市公司"层直接下辖"加油站"层。

此外，还有少数规模很小的公司（如上文提到的"个体加油站"），处于"熟人社会"的状态。这种公司往往只经营一两座加油站，老板、员工皆是熟人，老板可以直接管理每位员工，因而并不需要再设立层级系统。因此，这类小公司的经营模式往往是"拟家庭化"的。这类加油站数量较少，多分布在郊区或农村。在后文的分析中，我们会看到不同的管理结构对加油工生产政体的影响。

二　研究方法

本研究采用混合研究方法，以问卷调查和半结构化访谈为主，并结合田野观察和文献搜集获取数据。其中，问卷为我们提供了大量的量化数据。但是，问卷得到的数据是高度抽象化、化约式的。所以，通过问卷得到的一些结论和推断，必须要通过个案访谈和现场观察来交叉印证。

在研究初期，我们首先走访了 B 市 10 座加油站，对 104 名站长和员工进行了预问卷调查和初步访谈。在了解了一些基本情况后，我们再以全市1053 座加油站为抽样框，从中抽取了 368 座的加油站为样本进行问卷调查。随后，为了进一步探究问卷中涉及的问题，我们选取了 30 位具有代表性的加油站工作人员（共涉及 15 座加油站）、一位 B 市某大型央企高级主管人员，以及一位行业协会相关人员进行正式的深度访谈。除此之外，笔者之一有长期从事相关工作的经历，曾多年在加油站进行现场观察，并且曾与多位加油站站长、石化企业干部、行业协会相关负责人等进行非正式的交流和访谈。这些观察与访谈经历均构成了本研究的经验来源。

（一）问卷调查

为了解 B 市加油站员工劳动过程与群体特征的总体状况，我们以加油站为抽样单元，在全市的 1053 座加油站中抽取 368 座加油站进行问卷调查，抽样率为 34.9%。抽样过程中，为了保证样本对于总体的代表性，我们按照上文确定的分层方法，根据加油站的经营权性质和销量规模对其进行了分层抽取。如前文所述，我们将加油站根据其经营权性质分为五类，分别为中石化、中石油、其他国营、民营和外资加油站。加油站根据其销量规模分为大型站（年汽油销量 5000 吨及以上）、中型站（2000~4999 吨）、小型站（1999吨以下）。加油站的名称、地理位置、经营权性质、年汽油销售量等信息由行业协会提供。我们在其提供的数据基础上对数据进行清理补充，依据各类别下加油站的总数按比例抽取样本。最终抽样结果中加油站的经营权性质分布和销量规模分布如表 1-1 所示。

表 1-1　样本加油站抽样分布情况

单位：座

加油站经营权类型/销量规模	中石化	中石油	其他国营	民营	外资	合计
大型站 （5000 吨及以上）	72	20	21	28	7	148

加油站经营权类型/销量规模	中石化	中石油	其他国营	民营	外资	合计
中型站 （2000~4999 吨）	45	20	12	21	6	104
小型站 （1999 吨及以下）	59	22	8	25	2	116
合计	176	62	41	74	15	368

资料来源：2018 年 B 市加油工社会调查。

为了对随机分层抽样结果对总体的代表性进行检验，我们将样本加油站的行政区分布与 B 市加油站总体的行政区分布进行了对照。根据行业协会提供的 B 市 16 个行政区域内加油站总数，我们计算了各行政区域中样本加油站数量占总体加油站数量的比例。结果显示，各个行政区中的抽样比例基本在 30%~40%[1]（见图 1-8）。也就是说，样本中加油站的区域分布与 B 市加油站总体的区域分布基本一致。因此，我们认为抽取的样本对于总体具有充分的代表性。

我们通过微信向抽样得到的 368 座加油站的站长转发了电子调查问卷（由问卷星网站 www.wjx.cn 生成），并请站长转发给加油站所有雇员。问卷共包含 81 个问题，涵盖个人基本状况、雇佣关系、劳动过程、工资收入与福利、人际关系与工作环境、日常生活、问题需求和展望等七个方面。鉴于加油站中岗位繁多，人员各具特征，我们将问卷做了仔细的结构化处理。具体来说，如果被访者选择的岗位是"加油工"，那么他将在问卷中看到 81 道问题；如果选择的是"站长"，那么就有 8 道问题向其屏蔽，即他只看到 73 道问题。

2018 年 10 月 30 日，我们开始正式发放问卷，11 月 14 日关闭问卷。经过清洗，得到有效问卷 2558 份，问卷回收率为 49.7%。此外，必须说明的是，由于本调查的问卷经由加油站站长发放，所以部分问题的答案和统计

---

[1]　区域 1 面积较小，拥有的加油站总数相对较少，总计仅有 13 座加油站，仅占 B 市加油站总数的 1.2%。因此，尽管这个区域内的样本数量超过总体的 50%，我们认为这不影响全市样本对于总体的代表性。

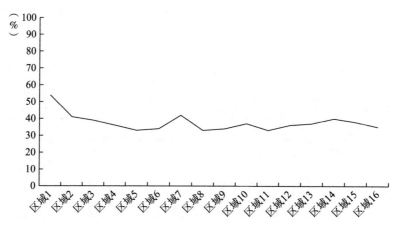

图 1-8　各行政区域内加油站样本占总体比例的分布
资料来源：2018 年 B 市加油工社会调查。

结果可能存在一定的偏差。

（二）半结构化访谈

我们选取了 15 座加油站，对其中的 12 位站长及抽取的 18 位员工进行了深度访谈。受访加油站涵盖了各种经营权性质和销量规模。在选择受访加油工时，我们充分考虑了加油工在性别、年龄、户籍、工作年限等特征上的多样性。访谈在加油站内的办公室开展。在获得受访者同意的前提下，我们对访谈进行了录音。其中，每位站长的平均访谈时长约为 90 分钟，每位员工的平均访谈时长约为 40 分钟。此外，我们还访问了 B 市某大型央企的一位高级主管人员，以及行业协会的一名负责人。

访谈采取半结构化方式，即我们在提前准备好的访谈提纲基础上自由发挥，根据受访者的回答对问题进行拓展和延伸，并按照实际访谈情况不断对提纲进行调整。访谈提纲分为站长和员工两个版本。针对站长的访谈提纲包括加油站的基本格局、员工状况、岗位与管理、收入与福利、日常生活和雇佣关系六个部分，共 51 个问题。针对加油工的访谈提纲包括基本劳动过程、薪资与激励、情感信任与压力、再生产、困境冲突和未来五个部分，共 44 个问题。最终，经整理得到访谈记录总时长 2109 分钟，整理文字约 35.7 万字。随后我们运用 Atlas. ti 文本分析软件对访谈记录进行了存储、编码和分析。

（三）田野观察

现场观察是调查工作中投入精力最多，却最难量化的部分。由于工作原因，笔者之一在调查前后的 3 年多时间里，把 B 市所有一千余座加油站逐一跑了个遍，有些加油站甚至去过多次。在日常工作中，笔者经常与加油站相关人员打交道。看到的各种场景、听到的各种话语虽然未曾加以记录，但是它们共同编织了笔者脑海中的认知图示，是本调查中不可忽视的宝贵资源。当然，我们在本研究中使用这些未经记录的经历和交谈时，也特别谨慎。

三　B 市加油工概况

（一）概念界定：广义和狭义的加油工

单从字面上看，所谓加油工，就是加油的工人。若从经验上描述，加油工就是在加油站里，穿梭于车流之中，守在加油机前，为我们提枪加油的劳动者。似乎，这种经验性描述就可以满足我们对研究对象概念界定的需求。但是，在预调查过程中，我们最常听到的问题就是："那我算不算加油工？"

为什么被访者会发此一问？首先，一座加油站中不只有加油工一个岗位，还包括收银员、管理人员和其他人员（厨师、保洁、洗车工等）。其次，加油站中的兼职现象尤为普遍。上文提到，加油站的规模大小各异。对于大型站来说，加油车辆多、站内雇员多、岗位分工明确。有专职的管理人员、收银员、加油工，甚至还有专门的保洁员、洗车工、厨师等，每个人的劳动内容高度单一。但对于小型站来说，站内不需要雇那么多员工，就出现了许多兼职现象。例如，SSL 加油站的站长告诉我们，由于他们站日常仅有 4 人，所以即便他身为站长，也要经常到场内加油，到了吃饭时间，还要到后厨做饭。NSH加油站的ZM说，她也不知道自己应该是算加油工还是收银员，因为她"主要的（活）是收银，高峰期也出去加油"（ZM访谈录）。此外，员工变换岗位的情况也很常见，尤其是一些老员工，他们是站里的"万金油"。春天和秋天人手充裕时，老员工在室内收银，到了盛夏或隆冬人手不够时，再到外面加油。鉴于此，在后续的研究中，我们需要对每个研究层次的"加油工"概念的边界进行明确。

在后文中，涉及群体特征的调查数据时（第二章），我们的数据包含加油站的所有雇员（包括站长）。我们将这里的加油工称为"广义加油工"①。之所以将所有人作为分析对象，是因为对于一座加油站来说，所有的成员是一个相互影响、不可分割的整体。只有将他们作为一个整体来研究，才能厘清其中的关系和结构。举例来说，假如我们把群体特征的考察范围仅仅聚焦于那些从事一线加油劳动的人员身上，那么我们就无法得知，作为管理者的站长，其实与加油工是来自同一个县城的老乡。因此，要做好群体特征研究，就需要我们秉持整体视角，兼顾所有的"广义加油工"。

而在考察加油工的劳动过程和"劳-资-客"关系时（第三章和第四章），我们把视角聚焦于仅仅从事一线加油业务的人员，我们将他们界定为"狭义加油工"。因为在加油站中，每个岗位的劳动过程都不尽相同，而最能代表加油站行业劳动特点的，就是这些从事一线加油业务的人员。鉴于这两项研究浓厚的微观意味，为了研究更加聚焦，我们在这两章中把研究对象锁定在"狭义加油工"身上。

最后，在考察加油站的"创效任务"和"非创效任务"时（第五章），我们再次将研究对象扩大到"广义加油工"。这部分研究的重点是组织间的关系，因此不再拘泥于微观分工。

（二）B市加油工总人数测算

在我们基本访遍B市加油站行政主管部门和行业协会后，发现想要得

---

① "广义加油工"，包括站长、管理人员、加油员、收银员和辅助杂工等。

到一个十分精准的加油工人数是几无可能的。

　　一是各部门都表示不掌握加油站用工的具体人数。勉强能够提供估算数据者，也表示其估算值可能与实际情况差距很大。二是 B 市加油站企业性质复杂，员工流动性强，也存在一定比例的外包工、派遣工、实习工等。

　　因此，要得到 B 市加油工的总人数，我们只能依据问卷得到的数据进行推算。对 368 座加油站的问卷调查结果显示，加油工人数在 7 ~ 15 人的加油站占总数的 52.58%。有 12.67% 的加油站只有不到 7 名员工。同时，有 11.65% 的加油站的加油工总数超过了 25 人（见图 1 - 9）。我们假设加油工的人数大致符合正态分布，计算得到人数期望值为 13.382。以此估算，B 市加油工的总人数约在 1.4 万人。

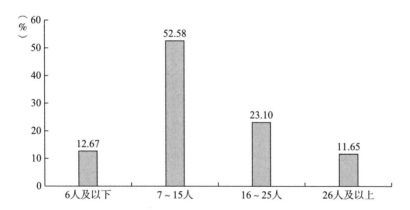

图 1 - 9　不同规模加油站人数分布

资料来源：2018 年 B 市加油工调查。

　　本章中，我们简述了本调查的缘起，介绍了 B 市加油站行业概况和历史沿革，给出了对 B 市加油站的归类方式，并详述了研究方法，界定了主要概念。至此，我们搭建了调查的整体框架。接下来，我们将从群体特征和日常生活入手，介绍我们的调查结果。

第二章　B市加油工群体特征和日常生活

对群体特征的考察是本调查的基础工作。我们在问卷中设计了14道问题，主要涵盖加油工的个体特征、家庭结构、代际状况三个部分。通过对这些特征的描述，我们旨在描摹B市加油工的群像。同时，我们还会介绍加油工的日常生活，包括居住、伙食、休闲方式及其与社区的关系等方面，以更加立体地展现他们的真实状况。需要说明的是，本章中描述的内容涵盖了加油站的所有岗位的所有工作人员，即上文界定的"广义加油工"。他们既包括忙碌在车流之中、提枪加油的劳动者，也包括站在收银台后、坐在办公室里的人员。

一　社会人口学描述

（一）性别和年龄

问卷调查结果表明，受访加油工的男女比例较为均衡，男性略多。其中，男性占50.27%，女性占49.73%（见图2-1）。如果仅就"狭义加油工"来说，男性员工的占比（56.39%）也仅略高于女性员工的占比（43.61%）（见图2-2）。由此可见，有大量的女性参与加油工作。

受访加油工的平均年龄为33.9岁。其中，"80后"（1980~1989年出生者）占比为47.65%；1990年及以后出生者占比为25.10%（见图2-3）。年龄最小的加油工只有17岁，最大者已59岁。77.71%的加油工为26~45岁的青壮年（见图2-4）。

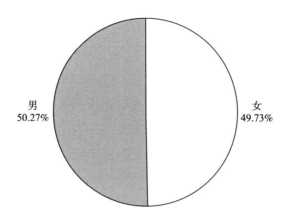

图 2-1　B 市"广义加油工"的性别分布

资料来源：2018 年 B 市加油工社会调查。

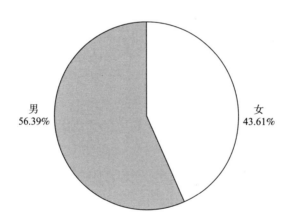

图 2-2　B 市"狭义加油工"的性别分布

资料来源：2018 年 B 市加油工社会调查。

（二）学历和户籍

从加油工的学历结构来看，初中及以下学历者占比为 19.63%，具有高中、中专、职高或技校学历者占比为 52.31%，这两类人群占样本总数的七成以上（见图 2-5）。具有大专学历者占 22.01%。有 6.06% 的加油工具有本科及以上学历，这部分人中大多数都是站长和主管（72.3%）。

为了分析不同年龄段加油工的受教育程度差异，我们将加油工的学历

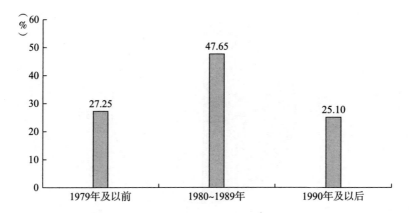

图 2 - 3　B 市加油工的年龄（出生日期）分布

资料来源：2018 年 B 市加油工社会调查。

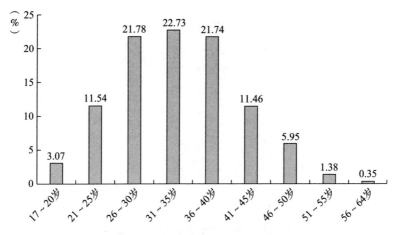

图 2 - 4　B 市加油工的年龄段分布（截至调查时）

资料来源：2018 年 B 市加油工社会调查。

与年龄进行了交叉分析。数据显示，"70 后"加油工（1970～1979 年出生者）中，具有大专及以上学历者占 20.03%。"80 后"加油工（1980～1989 年出生者）中，具有大专及以上学历者占 29.09%。1990 年及以后出生者中，具有大专及以上学历者占 34.85%。可见，随着年龄的降低，加油工的学历呈明显上升趋势（见图 2 - 6）。

从加油工的户籍类型来看，城镇户口者占比为 31.24%，农村户口者占

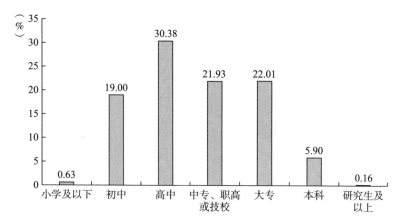

图 2 - 5　加油工的受教育程度分布

资料来源：2018 年 B 市加油工社会调查。

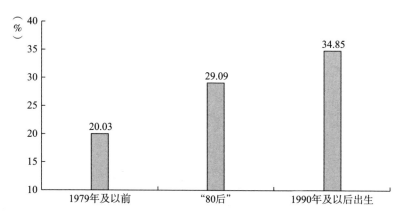

图 2 - 6　不同年龄段（出生日期）加油工中具有大专及以上学历的比例

资料来源：2018 年 B 市加油工社会调查。

比为 68.76%（见图 2 - 7）。从加油工的户籍地分布来看，非 B 市户籍者占比为 63.25%。

在拥有 B 市户籍的加油工（占样本总数的 36.75%）中，城镇户口与农村户口的比例接近 1∶1，其中农村户口者略多，占 52.13%（见图 2 - 8）。而在来自外省区市的加油工中，农村户口占比为 78.43%（见图 2 - 9）。也就是说，有一半的本地加油工和近五分之四的外来加油工可被定义为"农民工"。从另一个角度来说，加油工中，非 B 市户籍或非城镇户口的

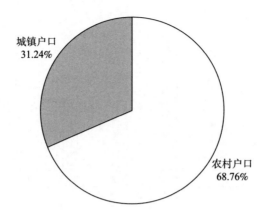

图 2 - 7　B 市加油工的户籍类型分布

资料来源：2018 年 B 市加油工社会调查。

人数占总人数的 84.20% 。可以说，B 市加油工是一个以"外来进城务工人员"为主的群体。

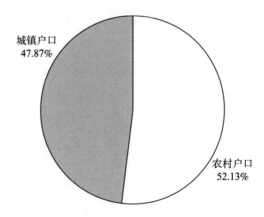

图 2 - 8　加油站本市（B 市）户籍员工的户口类型分布

资料来源：2018 年 B 市加油工社会调查。

（三）家庭结构

对于个体来说，其所处的家庭结构往往与其行动结构息息相关。从问卷数据来看，B 市加油工中有 72.63% 已婚，有 22.71% 未婚（见图 2 - 10）。未婚者中，有 22.2% 已经超过 30 岁。此外，有 72.63% 的未婚者是男性。

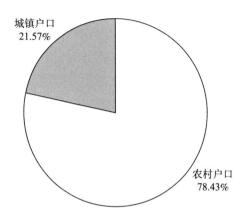

图 2 - 9　加油站非 B 市籍员工的户口类型分布

资料来源：2018 年 B 市加油工社会调查。

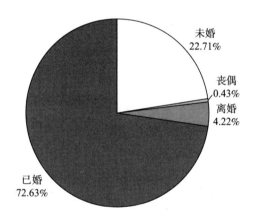

图 2 - 10　B 市加油工的婚姻状况

资料来源：2018 年 B 市加油工社会调查。

　　如果将婚姻状况和户籍所在地进行交叉分析，可以看到，B 市本地加油工和外地加油工的婚姻状况存在较大差别，本地加油工的未婚比例仅为 9.15%，而外地加油工的未婚比例约为 1/3（30.65%），详见图 2 - 11。

　　所有已婚者的配偶中，66.85% 是农村户口（见图 2 - 12）。已婚的农村户口加油工中，有 85.93% 的加油工配偶也是农村户口。

　　已婚加油工中，有 91.80% 育有子女。其中，有 64.64% 只有一个子女，有 27.16% 有两个及以上子女（见图 2 - 13）。加油工最大（或唯一）的子

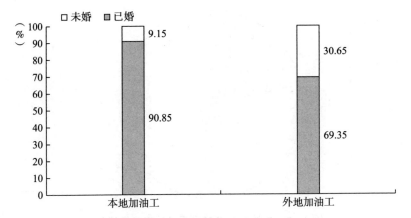

图2-11 本地加油工和外地加油工的婚姻状况比较

资料来源：2018年B市加油工社会调查。

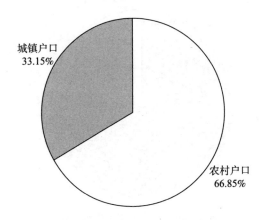

图2-12 B市已婚加油工配偶的户籍类型

资料来源：2018年B市加油工社会调查。

女平均年龄为7.1岁。子女的年龄集中分布在6～12岁（占39.25%），其次是5岁及以下（19.99%），详见图2-14。有57名加油工（占总人数的2.2%）的孩子只有1岁或不满1岁，另有16.81%的加油工的子女已经成年（不小于18岁）。许多加油工的家庭需要抚养一个或两个未成年的子女，需负担其生活和教育支出。

当问及加油工配偶的职业时，占比最高的答案是"无业"，占到了加油工总人数的近两成（18.95%）。考虑到加油工的收入情况（后文会有详细

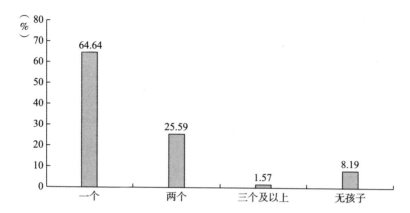

图 2 - 13 B 市加油工的子女情况

资料来源：2018 年 B 市加油工社会调查。

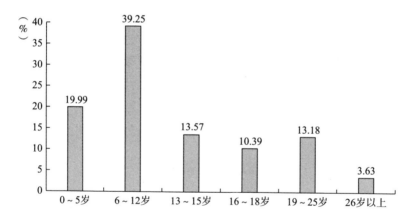

图 2 - 14 B 市已育有子女加油工的子女年龄

资料来源：2018 年 B 市加油工社会调查。

数据），这部分加油工的养家压力较大是可想而知的。其他职业类型占比从高到低依次为销售或服务业（17.71%）、加油站员工（14.59%）、开车（13.19%）和工厂工人（11.36%），详见图 2 - 15。

从加油工的父代状况来看，大多数加油工的父亲的户籍类型也是农村户口，占全部样本的 77.01%（见图 2 - 16）。在父亲是农村户口的加油工中，本人已是城市户口的仅占 14.00%。

从父代的职业情况来看，有 26.78% 的加油工的父亲从事种地或养殖工

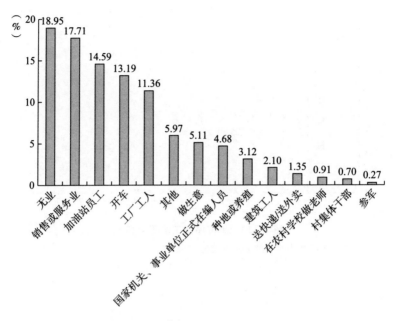

图 2 - 15　加油工配偶的职业类型

资料来源：2018 年 B 市加油工社会调查。

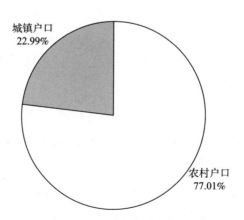

图 2 - 16　加油工父亲的户口类型

资料来源：2018 年 B 市加油工社会调查。

作，有 11.61% 的为工厂工人，有 5.47% 的做建筑工人，还有 27.91% 的无业（见图 2 - 17）。加油工父代的职业地位普遍不高，这也在一定程度上影响了子代的受教育水平和择业的竞争力。

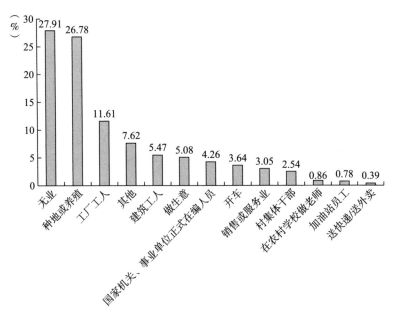

图 2 - 17　加油工父亲的职业类型

资料来源：2018 年 B 市加油工社会调查。

二　从业状况

（一）招不进：通过社会网络应聘

在调查中，受访的加油站站长普遍反映，招工难是 B 市加油站面临的主要难题之一。自始于东南沿海的"民工荒"爆发以来，全国关于用工短缺的报道和研究就屡见不鲜。B 市加油站也饱受招工难的困扰，"招不进、留不住"已经成为加油站用工的现实写照。许多加油站站长表示，在当年劳动力市场供给尚充足时，加油工曾经是受人追捧的工作。

> 像我们刚来的时候，基本上得十几个或二十几个里边选一个。你没有学历，或者你没有点人脉你都来不了。（STZ 访谈录）

但是近年来，加油站的招工形势可谓急转直下。

现在能随便给你招上个人来就不错了，说你要去地方劳动市场招人，根本招不着，一个也招不来。（WZJ访谈录）

这种情况在B市加油站非常普遍，有的加油站一年四季缺人，人手不够时站长甚至"自己顶加油顶了一个多月"（WZJ访谈录），为了招人只能"招聘广告一年四季都挂着"（PZC访谈录）。为此，许多加油站设立奖励制度，鼓励加油工通过自己的社会关系寻找新员工入职。

最后没办法了，搞了一个奖励机制。如果是招上（新员工），在这儿工作三个月以上，从第四个月开始一个月给你（老员工）补助500块钱，给你补仨月，等于介绍一个人给1500块。（WZJ访谈录）

在这种机制的鼓励下，许多加油工都把自己的同乡、朋友和亲戚介绍到加油站工作。数据显示，有40.54%的加油工通过朋友介绍来到加油站工作，另有16.93%的通过亲戚介绍找到加油工的工作（见图2-18）。不难看出，关系在招聘中发挥了很重要的作用，依靠关系入职的加油工占总数的57.47%。这种招工网络不断扩散，甚至在一些加油站出现了全站加油工都来自同一个县的情况。

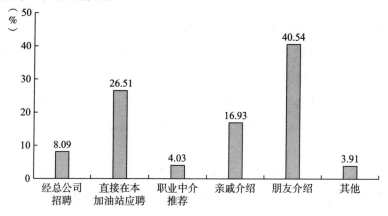

图2-18 加油工的应聘途径

资料来源：2018年B市加油工社会调查。

（二）短工化：加油工的高流动性

数据显示，有近一半（46.95%）的加油工从业时长在3年及以下（见图2–19）。但明显的是，这样的数据存在"生存者偏差"[①]。在访谈中我们发现，实际问题比数据显示的情况要严重得多。当我们问及有多少员工会在入职不满3个月就离职时，有站长表示：

> 至少有一半（不满3个月离职），工作超过三年的员工就只有我们这三位了（指站长和两位主管）。（XJH访谈录）

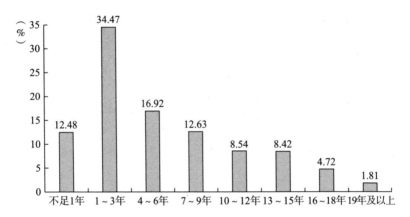

图2–19　目前在职加油工的工作时长

资料来源：2018年B市加油工社会调查。

还有站长表示，三个月内离职的员工比例"应该能到70%"，每次招来新员工，"招了10个新员工里面能留下2个干两年的。剩下的都不到两年，还有两个干几个月、一年的，再剩下的全都是一个月之内就离职"，而能坚持干到三年以上的"也就10%"（XMY访谈录）。

此外，加油工在本行业从业年限分布与员工的年龄分布也有一定的关系。上文提到，加油工的平均年龄仅为33.9岁。相比之下，国家统计局

---

① 指数据仅来自幸存者时（因为其他人没有被统计在内），此数据可能会与实际情况存在偏差。

2019 年公布的数据显示，全国农民工平均年龄为 40.2 岁，50 岁以上农民工所占比重为 22.4%[①]。但值得注意的是，加油工职业并不是大多数加油工的第一份工作。数据显示，仅有 10.91% 的加油工从学校走入社会后就首先来到了加油站。在进入加油站行业之前，占比最高的职业是"销售或服务业"，这一比例为 38.51%，其次分别是工厂工人（24.00%）、无业（11.22%）、做生意（8.37%）、种地或养殖（6.22%）、建筑工人（5.20%），等等（见图 2 - 20）。

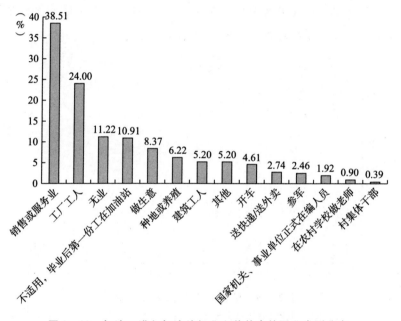

图 2 - 20 加油工进入加油站行业之前从事的职业类型分布

资料来源：2018 年 B 市加油工社会调查。

（三）B 市加油工的岗位分布

随着调查的深入，我们对加油站雇佣人员的工种分布情况有了更加深入的了解。调查发现，加油站的工种远比我们作为顾客看到的复杂。除了

[①] 国家统计局：《2018 年农民工监测调查报告》，http://www.stats.gov.cn/tjsj/zxfb/201904/t20190429_1662268.html，最后访问日期：2021 年 9 月 10 日。

日常能够接触到的加油工和收银员之外，还有为数不少的管理人员和保障人员。他们负责加油站的设备、安全、数质量①、便利店货品调度、环保、安保等多方面工作。在所有样本加油站中，工种最多的竟有7种。我们查看了各类加油站的工资表，总结发现，表面上岗位虽多，但实际上被上级公司"承认"且配发相应工资的岗位，一般情况下只有4个。

首先是管理人员，最顶层的管理人员为加油站站长，其对全站的一切事务负责。站长以下，还会配备一些辅助管理人员，比如副站长、前厅主管、财会、出纳、便利店经理、安全员、计量员等。雇工人数较少（如7人以下）的加油站，一般不设辅助管理人员。

加油站的一线生产岗位主要有两个，即加油工和收银员，这是我们平时接触较多的工作人员。值得一提的是，许多加油站并不设专职的收银员，主管人员兼职从事加油或收银工作的情况也比较普遍。

　　我们是兼职，没有专职的收银（员），谁有时间谁干。（YPC访谈录）

　　不要说值班经理，就是站长也一样，也会从事那些工作（加油和收银），但不是专业地从事。（STZ访谈录）

此外，一些加油站还会设置少量的辅助杂工，主要包括洗车工、保洁员、厨师等。这些岗位并非加油站的必设岗位，且这些人员多为兼职或劳务派遣。因此，本研究在进行调查时，虽然在问卷发放时也覆盖了这一人群，但在岗位方面为他们单独列出了一个"其他"的选项。

综合以上因素，我们在正式调查过程中，将加油站所有雇员的岗位分为5大类，即站长、主管②、加油工③、收银员和其他。从事这五类工作的

---

① "数质量"是油品储运行业的专有名词，包括油品数量和油品质量两个方面。由于这两个方面相关性很强，所以加油站往往安排同一人进行管理。

② 包括副站长、前厅主管、财会、出纳、带班长等。

③ 由于这里涉及各个岗位的比较，所以此处的"加油工"指的是"狭义加油工"。

受访者占总样本的比重分别是：站长（10.28%）、主管（25.88%）、加油工（49.22%）、收银员（12.90%）、其他（1.72%），详见图2-21。他们从事的具体业务分别为：

（1）站长：统领负责全站一切工作；

（2）主管：除站长以外的其他管理人员；

（3）加油工：负责从事一线加油作业及推销其他商品；

（4）收银员：负责收款和开票。但不是所有加油站都设有专职收银员岗位。一些收银员也要兼职从事便利店管理、非油品库存盘点等工作；

（5）其他：包括厨师、保洁、汽服人员、洗车工等。

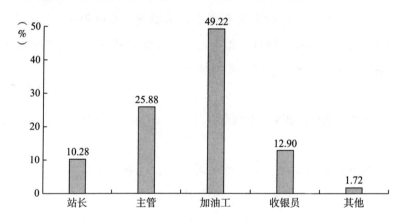

图2-21　加油站员工的岗位分布

资料来源：2018年B市加油工社会调查。

三　日常生活和社会关系

（一）住宿条件

数据显示，有73.30%的加油站为员工提供了宿舍（见图2-22）。早期，加油站的宿舍一般设在站内。在一些有条件的加油站，加油工就住在加油站的后院、厢房等附属建筑中。这样的住宿安排与"家户工"相似，生产和生活的空间高度重合。但是，随着近年来B市安全生产管理和安保管理日趋严格，站内宿舍正在逐步被取缔（此现象后文会有详细分析）。一位站长反映，他所在的加油站为员工提供了能够容纳16人居住的宿舍，但是由于主管部门要求其将宿舍清空，目前只有他一人在宿舍居住，而主管部门对此并不知情（PZC访谈录）。

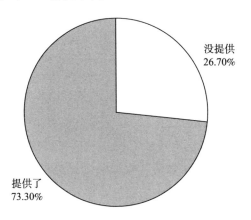

没提供
26.70%

提供了
73.30%

图2-22　为员工提供集体宿舍的加油站的占比情况

资料来源：2018年B市加油工社会调查。

由于占地面积有限，很多位于城市核心区的加油站没有条件建立相应的附属建筑，更无法在站内设立员工宿舍。为解决居住问题，绝大多数加油站会选择为员工租住公寓或民房。早期，许多加油站为员工租住的宿舍条件较差，加油工住在地下室或拥挤不堪的"群租房"中。但是随着B市在2017年底开始清理群租房，B市加油工的宿舍条件有了较大改观。一位站长向我们详细描述了他们的宿舍。

> 现在我们最便宜的（宿舍）7000多元（一个月租金），两居室。（问：能住几个人？）最多的也不超过6个人。人均不少于5平方米。（问：平均到每个人大概花多少钱？）加上水电费差不多得2000块。在这个区域就得这么多钱，当然在郊区可能就好一点。我们最近新租了一个，就在边上，往前走，大概走五百米，8300（元）一个月，两居室，住5个人。（STZ访谈录）

调查中我们发现，加油工宿舍几乎都是正规的公寓或民房，居住并不拥挤。此外，宿舍内的硬件设施一应俱全。

我们空调 24 小时都开着。（STZ 访谈录）

电视、洗衣机、热水器什么的都有，随时都可以洗澡。（LKJ 访谈录）

条件还是不错的，像冬天暖气、夏天空调都有。（HDY 访谈录）

多数加油工表示，居住条件让他们十分满意，问卷数据也佐证了这一点（见图 2-23）。在实地探访后，我们甚至很难将加油工的宿舍等同于传统意义上的集体宿舍，其良好的环境颇有些"员工之家"的味道。集体宿舍为员工提供了很好的交流空间。

集体宿舍也比较热闹，因为和大家相处都挺好，有说有笑的，下了班（这一天，往）床上一躺，聊会天，也挺好。（HDY 访谈录）

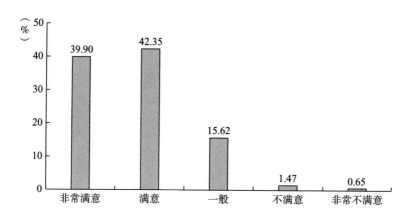

图 2-23　加油工对宿舍的满意度分布

资料来源：2018 年 B 市加油工社会调查。

由于硬件设施齐全，加油工的绝大多数个人再生产需求都可以在宿舍中得到满足。同时，同一班组①的加油工往往被安排在同一宿舍，这样大家的作息时间和上下班时间都完全一致，实现了生产和生活上的"朝夕与共"。宿舍成为加油工建立良好同事关系的重要场所。此外，站长住在宿舍的情况也并不罕见（见图2－24）。问卷数据显示，住在宿舍的站长占比超过一半（57.81%）。

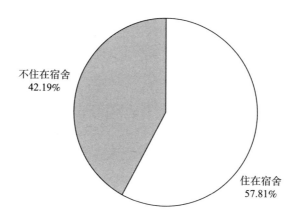

图2－24　站长住在加油站宿舍的占比情况
资料来源：2018年B市加油工社会调查。

也有不少加油站（26.7%）不提供员工宿舍。一些加油工不得不在外租房居住。B市高昂的房租成了加油工的一大负担。

> 没有宿舍，咱们员工最大的一个需要解决的困难就是住房问题，现在租房子也贵，工资开得也不是太高，所以他们在住房这一块压力也挺大，我们也跟公司提过，要求额外加一些住房补助。（LY访谈录）

为了解决租房贵的问题，加油站会为员工提供住宿补贴。数据显示，不住在集体宿舍的加油工中，有88.74%都能拿到公司发放的住宿补贴（见图2－25）。

但是，从住宿补贴的金额来看，有63.64%的加油工报告，其每月住宿

---

①　加油站一般采取倒班工作的制度，会将加油工分为几个班组，后文会对此进行详细介绍。

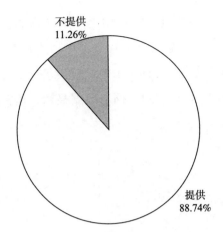

图 2 – 25　加油站为员工（不住宿舍）提供住宿补贴的占比情况
资料来源：2018 年 B 市加油工社会调查。

补贴仅有 300 元及以下，有 85.72% 的加油工报告其每月住宿补贴为 500 元及以下（见图 2 – 26）。这样的补贴额度相比于 B 市高企的房租价格，显得捉襟见肘。

> 这边租个单间要 2000 块钱。有的员工，他们合租，两个人可以，一个人六七百元。但如果稍微好点的房子，一个单间就得 2000 块钱。（XMY 访谈录）

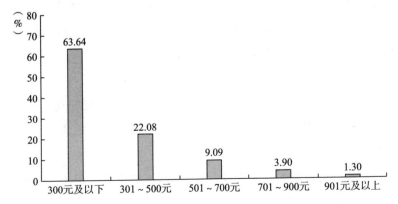

图 2 – 26　加油站为员工（不住宿舍）每月提供住宿补贴的金额分布
资料来源：2018 年 B 市加油工社会调查。

（二）集体伙食

数据显示，有83.62%的加油站为加油工提供了伙食（见图2-27）。早餐一般安排在白班上工之前，准备上工的加油工到加油站集体吃早餐，吃完过后再把前一天夜班的同事替换下来。午饭时间正好与加油高峰期重合，因此加油工用餐基本上采用"错峰吃饭"或"轮班吃饭"的方式。晚餐的形式参照早餐。多数情况下，站长也会与加油工一起吃饭。从现场观察的情况来看，站长并没有在伙食上被特别对待。集体用餐的过程经常是站长与加油工们交流的重要机会。

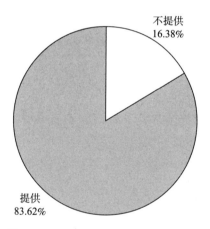

不提供
16.38%

提供
83.62%

图2-27 加油站提供伙食的占比情况

资料来源：2018年B市加油工社会调查。

提供伙食的方式主要有两种，一是加油站自己开灶，二是单位集体订餐。大多数加油站为加油工提供了每月201~800元的伙食补助（见图2-28），加油站常把这些钱集中起来集体开伙。

> 我们是把公司的个人"伙补"由加油站统一管理，你一个人比方说我们给300多（元），一个人是肯定不够吃的，但我们统一管理就够吃了。（STZ访谈录）

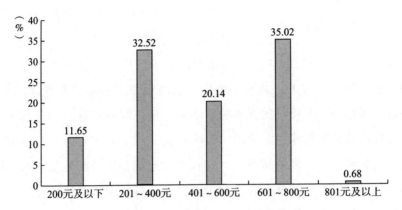

图 2 - 28 加油站提供伙食补贴的金额分布

资料来源：2018 年 B 市加油工社会调查。

> 反正每个月公司给我（们站）1650（元），然后我就花。1650（元）花没了之后，剩下来就我（站长）自己贴。（YPC 访谈录）

如果开灶做饭，加油站一般会雇一位兼职厨师。没有条件开灶的，就订外卖。

> 我们没灶。饿了么、美团，喜欢吃什么点什么，你就挑。（XMY 访谈录）。

餐食质量方面，数据显示，只有 3.18% 的员工表示对伙食不满意或非常不满意（见图 2 - 29）。此外，一位站长在访谈中表示，如果他看到员工餐的质量不好，他就会自掏腰包为员工"加菜"。"我看饭菜质量不行的时候，就自己掏钱给他们买点什么吃一下，都无所谓的。"（XMY 访谈录）一些老员工表示，他们刚入行时，员工餐的质量并不好，近几年吃得越来越好了，一些加油工甚至因此患上了"富贵病"。除午餐要轮班吃饭外，早晚的集体用餐时间往往是加油工沟通交流的绝佳场景。在现场观察中我们发现，许多加油工会把晚餐当成一场讨论总结会，无论是一天的辛苦、委屈，还是成就、欢笑都可以在这个时间分享。有些加油站还成立了"伙委会"，采用集体协商的形式讨论"吃什么"和"怎么用钱"的问题。如果加油工有特别想吃的东西，也可以与大家商量后，出钱打个牙祭。

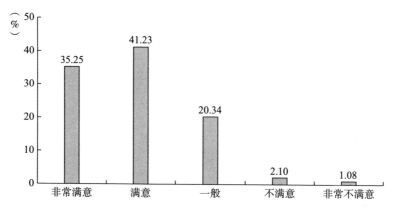

图 2 - 29　员工对加油站提供的伙食的满意程度分布
资料来源：2018 年 B 市加油工社会调查。

有时候想吃排骨，跟财务拿钱去买排骨，有阿姨给做，买回来你就不用管了。想吃鱼，你就自己去买鱼，买回来阿姨就给你做……在吃住方面还是比较不错的。（HDY 访谈录）

另外，逢年过节，有的加油站领导也会经常请大家吃饭。

伙食还可以，我们每个礼拜改善两次。这是固定的两次，还包括水果。一些节假日什么的，领导有时候会单独请吃饭。或者是一般一个月，领导会给伙房单独买点特色的菜，改善一下。（LKJ 访谈录）

有加油工过生日时，有的加油站也会张罗吃饭。

有时候一个月、俩月的吃一次，经理会张罗说大家伙挺辛苦，请大家伙出去吃饭，或者我们每个月都有人过生日，公司给 500 块过生日的钱。老吃蛋糕也都吃够了，就（用这个钱）吃饭。（ZXY 访谈录）

（三）闲暇、休假与探家

为了考察加油工度过闲暇时间的方式，我们在问卷中罗列了8个选项。在后文中我们会提到，由于大多数加油工采取倒班工时制度，其闲暇的时间跨度相对来说还是比较长的。例如采取"三班两倒"工时制的加油工，每次上班12小时，就会获得24小时的休息时间。但是从问卷调查结果来看，加油工选择的"主要休闲方式"并不多，平均每位加油工仅选择2.94种（具体如图2-30所示）。同时，有14.2%的加油工只选择了"睡觉"一个选项。访谈中一些员工也提到，由于劳动强度较大，他们在下班之后几乎没有什么体力再去做额外的事情了。

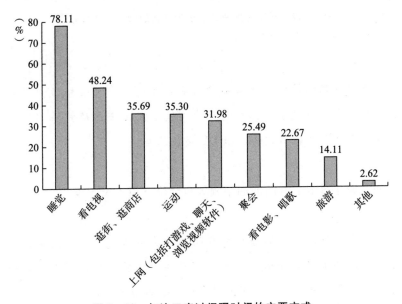

图2-30　加油工度过闲暇时间的主要方式
资料来源：2018年B市加油工社会调查。

闲暇时间看电视、打麻将。（问：还有其他活动吗？）没有。（有没有从事一些文艺或体育类的活动？）没有，我不爱好这些。因为我觉得体育这方面，我在这站一天就已经是锻炼了。（ZXY访谈录）

基本上在家，在屋里看电视。像我们站那两个（另外两人）在那玩手机，完了（然后）看电视，基本上一下班一待（就是）一天。（YPC访谈录）

有少数加油工（5.63%）表示自己在工作之余还兼职干其他工作（见图2–31）。其中，有36.81%的人从事快递/外卖行业（见图2–32）。

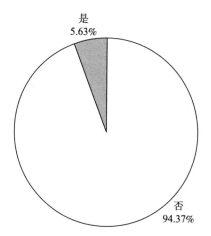

图2–31　加油工从事兼职工作的情况

资料来源：2018年B市加油工社会调查。

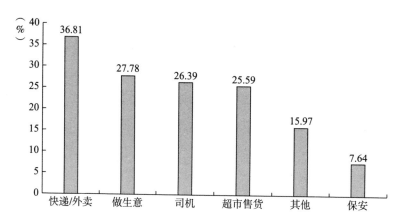

图2–32　加油工从事兼职工作的种类

资料来源：2018年B市加油工社会调查。

下了班没事，抢个单（送外卖）啥的。要不也不行啊，扣完保险开到手里就那么点钱。（问：前一天您都上了12个小时的班了，还怎么有体力送外卖啊？）那你歇一会儿呗。我就送高峰期俩小时。（比如）我今天上晚班，（下午）五点上班，完了明天早起八点下班。吃个早点，洗洗涮涮。完了你送（外卖），送完了（下午）一两点，然后还有充足的时间睡……一般也就我这样的（这么做），没家没口的也就（无所谓了）。（XW访谈录）

在休假制度方面，加油站采取倒班的工时制度，双休日和节假日也会安排加油工加班。对于一些高速国道沿线的加油站，周末和节假日往往还是加油的高峰，加油工不但不休息，劳动强度还会比平时更大一些。**数据显示，大多数加油站会在法定节假日给员工加薪**（见图2-33）。其中，有"三薪"（薪水是正常工作日的三倍）的比例达到71.65%。但是，这里的"三薪"计算范畴仅包括基础工资，而绩效工资和"提成"的金额并无变化。后文会提到，许多加油工的基础工资数额往往很低。同时，由于加油站没有周末的概念，因此"三薪"仅适用于春节、端午、中秋、国庆等节日，不包括周末。所以，"三薪"对加油工工资提升的作用非常有限。另外，有18.14%的加油工报告逢节假日有过节费。

大多数加油站会考虑员工的实际情况，设置规则允许员工休假。由于每座加油站的情况各不相同，休假规则一般不由公司统一制定，而是取决于站长。调查中，加油站执行的休假规则各有特色。总的来说，站长执行请销假制度是比较灵活的，这十分有利于站长与加油工之间建立融洽的关系。

我们是每两个月休5天①。但前提是站里不缺人，你（加油工）还得找到人替你②……我们站都是BD的（B市周边某地级市），大家休

---

① 按照倒班制度，休息5天，相当于少上3个班。
② 如果加油工找人替班，还是要还回去的。这就意味着，休息错过的工作时间还要再补回来。

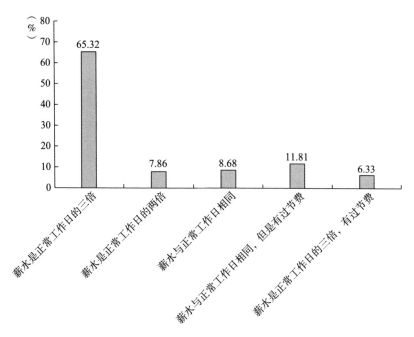

图2-33　加油工节假日薪水和过节费情况

资料来源：2018年B市加油工社会调查。

假可以回回家。（STZ访谈录）

这种休假制度的一个结果是，外来加油工与家人的长期分离。问卷中，我们询问了非B市户籍加油工（占总人数的63.25%）与家人见面的频次。结果显示，每年见到家人次数为1次或更少的加油工占比为28.18%（见图2-34）。此外，表示自己因为与家人分离而"非常孤独"和"比较孤独"的加油工占比为47.81%（见图2-35）。

老家的亲人见得比较那啥（少）。有事的时候才回家，没事的时候，你就不能回家。因为上班，你要是想回家的话就得跟人串班。串班还挺麻烦的。还得还人家班，挺累的。（ZXY访谈录）

（问：员工会感到孤独吗？）

肯定会，只是不会表达出来，包括我（站长）也会感觉到孤独。见不着孩子，见不着老婆，家里人肯定会有些想。（LY访谈录）

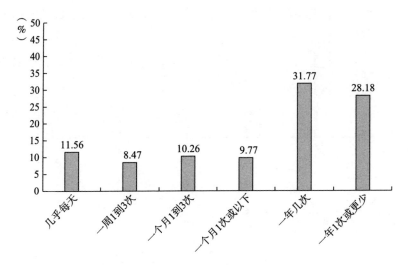

图2-34 非B市户籍加油工的探家频次

资料来源：2018年B市加油工社会调查。

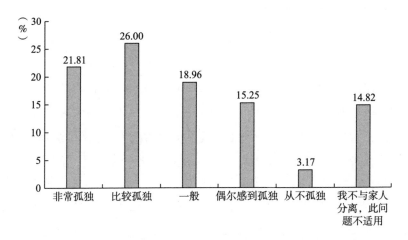

图2-35 加油工与家人分离造成的孤独感自评

资料来源：2018年B市加油工社会调查。

一个需要特别说明的问题是：加油工怎么过春节。许多站长告诉我们，这是他们每年最头疼的问题之一。上文提到了加油工短工化的状况，对加油站来说，员工离职是"家常便饭"，春节前尤甚。

一是春节前夕 B 市的天气寒冷，户外劳动环境恶劣，加油工难以忍受。二是加油站春节不放假，有的加油工为了回家过年，干脆一走了之。唯一有利的情况是，每逢春节期间会有近一半的市民离开 B 市，加油站的业务量也是一年之中的最低谷。

访谈中，站长们向我们介绍的过节方式各不相同，我们听到的最多回答是"该咋过咋过"。这倒不是说他们不为春节期间人手短缺的情况发愁，而是一种对情况无法掌控的无奈。站长唯一能做的，只能是根据节前的人员情况临时安排。但是只要加油工还没有离职，一般春节期间是不安排休息的。春节过后再视情况安排调休。调查过程中，我们与许多站长添加了微信好友。到了除夕夜晚，许多站长会在微信上发布状态，其内容常常是一张加油工们坚守岗位的大合影。

"在加油站这边工作，有四个春节没回家过年。"WJR 介绍，为确保加油站的正常运营，作为一名基层员工，经常以站为家，坚守在"别人放假我上班"这样的特殊岗位上①。

（四）社会关系

1. 同事关系

以上我们介绍了加油工的日常生活。加油工的集体住宿为其提供了非常好的交流场所。同时，集体用餐是加油工加深彼此友情的又一个媒介。站长与加油工一同用餐、掏腰包为加油工加菜、逢节假日请加油工吃饭等，塑造了两者之间的良好互动。"伙委会"等设置也体现了员工的自主地位。大家将公司发的"伙补"集中起来作为公共资金使用，也体现了浓厚的自组织氛围。站长采用柔性管理的方式，灵活执行请销假制度，以及大家一

---

① 节选自行业协会的会刊《S 石油》。该刊属于 B 市加油站行业内部交流资料，不对外公开发行，"准印证"编号为：2018－L0108 号。这里节选的内容来自其 2019 年第 6 期，总第 95 期，其中的第 28 页的文章《一份责任　始终坚守》。

起度过重要节日，无不有利于建立良好的同事关系。

从调查结果来看，有54.07%的加油工认为自己和同事关系"非常好"，有35.57%的加油工认为自己与同事的关系"好"，只有0.24%的加油工认为自己与同事的关系"不好"或"非常差"（见图2-36）。上文提到，有63.25%的加油工来自B市以外的全国其他24个省区市。有89.52%的加油工表示，来自不同省份的加油工之间关系"融洽"或"非常融洽"（见图2-37）。一些受访加油工表示，加油站让他们这些外来务工人员体会到了家的温暖。

> 我在咱们这个站感觉特别温暖，尤其我们外地人来这边，没有亲戚，也没有朋友，朋友也比较少。我们都拿这儿（加油站）当家。（XW访谈录）

> 我们站这边不分本地和外地，都是一个集体，大家的关系都是，都挺和睦的反正。不仅仅是一个班的，全站都感觉是一个集体。（SWL访谈录）

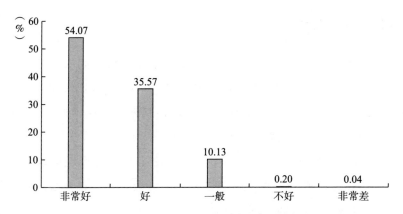

图2-36　加油工与同事的关系自评

资料来源：2018年B市加油工社会调查。

2. 社区融入

在一个社区内部，加油站与其他的商业组织明显不同。在社区里各种

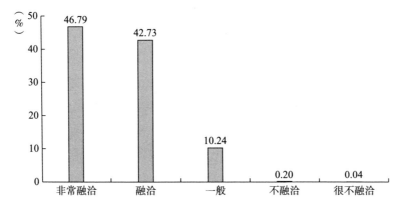

图2-37　加油站来自不同省份加油工的关系的融洽程度分布
资料来源：2018年B市加油工社会调查。

商店、餐饮、娱乐等商业机构方生方死之际，加油站却长久地挺立在社区的重要位置。一座加油站只要建成，就几乎不会再被拆掉；一个经营方一旦接手一座加油站，一般也会至少经营10年以上。人们在进行消费选择时，可能会因为习惯等原因，对自家门口的某个饭店视而不见、从不进入，但绝少会有人舍近求远，不选择最近便的加油站。从这些角度来说，每个加油站都是社区里的"老字号"，都是社区居民的"老邻居"。多数的社区居民，也都是加油站的"老主顾"。社区居民与加油工之间，应该具备产生频繁的、良性的社会互动的条件。

然而，事实情况似乎并不如我们想象的那样乐观。调查数据显示，有34.56%的加油工与周边社区居民或居委会（村委会）"无来往"，只有13.41%的加油工认为自己与周边社区居民或居委会（村委会）关系"密切"或"非常密切"（见图2-38）。

大多数加油工都表示，他们根本不认识周边社区的居民，也完全不存在互动。"没有互动，都不认识他们。"（XMY访谈录）一些加油工向我们描述了他们与社区"脱嵌"的一种典型表现——"认车不认人"。即，由于经常来加油，加油工已对车辆很熟悉，可以判断车主就在附近居住或工作，但由于从不交流，加油工对车主的情况一无所知。B市加油工社会生活的一个普遍现象是，工作关系与社会关系高度重合，同事就是主要的社交圈子。

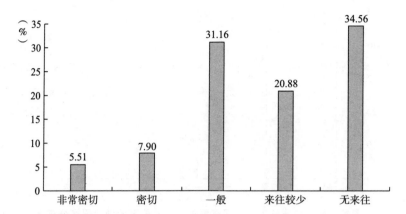

图2-38 加油工与周边社区居民或居委会（村委会）的来往密切程度
资料来源：2018年B市加油工社会调查。

与周边社区居民互动不多，社区归属感也难以建立。

（问：除了同事之外，平时你还有哪些朋友圈子？）

平时的话很少，就老乡。聚会的时候比较少，因为可能回家的时候赶不到一块，最多的还是同事们之间在一块相对比较多。

（问：你在周边社区里或村里边有朋友吗？）

没有。

（问：周边的社区和村委会曾经跟你们联系过吗？）

没有。

（问：他们开展活动叫过你吗？）

没有。

（问：你觉得你对周边的社区有归属感吗？你认为你是这个社区/村的人吗？）

我没有这种感觉。

（LKJ访谈录）

访谈中我们询问站长："您认为是否有必要与周边社区加强沟通互动？"

大多数站长都回答说，互动是十分必要的。

> 我觉得有必要，为了能够让整个社会更和谐，我觉得应该做这样的事。而且你看，比如说我们在这儿，虽然我们纳税没有在H区纳税，是吧？但我觉得也是为这个地区的安全稳定（做事），跟我们还是有很大关系的，我觉得从政府的层面应该要做。（STZ访谈录）

但是，当我们询问："目前您所在的加油站与周边社区有怎样的互动？"站长的回答几乎都是，除了迎接检查和开会外，再无其他互动了。

> 互动？他们来检查，我们应付……额，我们迎接检查。（问：其他的呢？除了检查之外的互动呢？）开会，呵呵……（问：除了检查跟开会呢？）别的没有。（PZC访谈录）

鉴于目前基层社区（居委会和村委会）的半官方性质，这种互动（迎检和开会）基本可以等同于和政府之间的互动，真正意义上的"社区互动"却付之阙如。可以看到，虽然加油工对于同事圈子的群体认同感较高，但并没有产生作为社区一分子的认同感，就更遑论作为B市市民的身份认同了。换句话说，如果我们询问一名加油工，你是哪里人，他大多会说，"我是山西人""我是辽宁人"，而不会说他是B市人。同样，如果我们询问一名加油工，"你的工作单位在哪里"，他大多会说，"我的单位在西环××加油站"，而不会说，"在××社区或××街道的加油站"。综上，加油工虽然与社区居民长久相处，朝夕与共，但其社区融入状况并不乐观。

四　工作满意度、社会地位认知和未来打算

数据显示，当问及加油工的工作满意度时，表示对自己目前工作"非常满意"的占17.83%，表示对自己工作"满意"的占44.14%。而表示对

工作"非常不满意"的，仅占1.37%（见图2-39）。在问及加油工是否会向自己的亲友推荐这份工作时，选择"推荐"和"不推荐"的几乎各半（见图2-40），"推荐"的略多（占54.3%）。在访谈中，加油工对这个问题的回答也不尽相同。

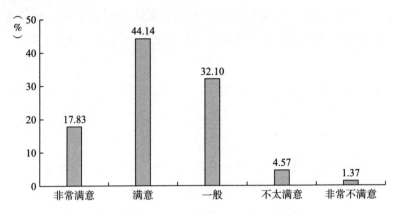

图2-39　加油工对当前工作的满意程度

资料来源：2018年B市加油工社会调查。

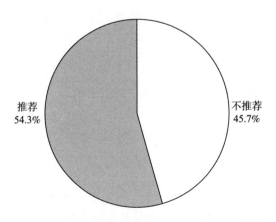

图2-40　加油工对是否会推荐亲友来加油站工作的态度

资料来源：2018年B市加油工社会调查。

（问：比如说现在您亲友想找工作，会推荐他来加油站吗？）

不会。

（问：为什么不会？）

就是因为服务行业的（性质），说白了不了解他的脾气，别和顾客发生矛盾。

（RSS访谈录）

（问：你会推荐你的亲友来加油站工作吗？）

那得根据你亲友的自身能力，他在别处能挣多少钱，这里（加油站）相对比较稳定一些。

（问：那比如说对于一个刚毕业或者刚要步入社会的孩子，你建议他来加油站工作吗？）

可以吧。我倒是介绍一个人来过。他工作比较单一，因为流水作业几乎跟外边没有什么接触，而这儿他跟客户打交道的频率太高，所以说形形色色的人，工作就是跟人打交道，相对就是说锻炼人的社会经历。

（LKJ访谈录）

在社会地位认知方面，有48.71%的加油工认为自己处于社会下层，有34.05%的认为自己处于社会中下层，有15.13%的认为自己处于社会中层。认为自己处于"中上层"和"上层"的加油工占2.11%（见图2-41）。

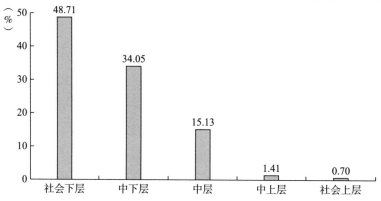

图2-41　加油工的社会地位认知

资料来源：2018年B市加油工社会调查。

我们对加油工的工作岗位与社会地位认知进行了相关性分析，结果显示，肯德尔 tau – b 系数为 – 0.62，p 值为 0.000，这说明不同岗位的加油工对自己社会地位的认知存在显著差异。认为自己处于社会下层的加油站站长仅占站长样本的约 1/4，而认为自己处于社会中下层的站长占比为 1/2。相比之下，认为自己处于社会下层的加油站主管、加油工占 1/2 以上，而认为自己处于社会中下层的比例均在 30% 左右。认为自己处于社会中层（21.9%）或社会中上层（2.7%）的加油站站长的比例，也高于认为自己处于社会中层或社会中上层的主管和加油工的比例。收银员样本当中，认为自己处于社会下层的占 45.7%，略低于选择这一选项的主管或加油工的比例；认为处于社会中下层的收银员占比为 39.5%，高于选择这一选项的主管或加油工的比例（见表 2 – 1）。总体来看，加油站员工普遍认为自己处于社会下层或中下层，站长对于自己社会地位的评估略高于其他员工。

表 2 – 1　加油站不同岗位员工对自己社会地位的认知

单位：%

岗位	下层	中下层	中层	中上层	上层	总计
站长	25.4	50.0	21.9	2.7	0.0	100.0
主管	50.2	33.1	14.1	1.5	1.1	100.0
加油工	54.1	29.7	14.2	1.2	0.8	100.0
收银员	45.7	39.5	14.2	0.3	0.3	100.0
其他	34.1	34.1	25.0	6.8	0.0	100.0

在问及加油工的未来打算时，有 20.05% 的表示自己从未想到过离职。经常想到离职者占比为 9.03%（见图 2 – 42）。有 78.3% 的加油工表示，自己会在目前这座加油站继续工作三年以上（见图 2 – 43）。

关于目前工作面临的困难，我们根据前期访谈和观察了解到的基本情况，设计了 10 个选项供加油工选择。在所给出的选项中，获得最多选择的是"薪资较低"，有 67.67% 的加油工认为低薪酬是其在工作中面临的主要困难之一。其次，有 53.17% 的加油工选择了"工作时间太长"，有 39.60%

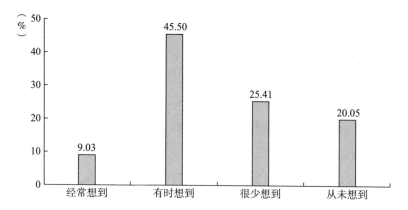

图2-42　加油工是否想到过离职

资料来源：2018年B市加油工社会调查。

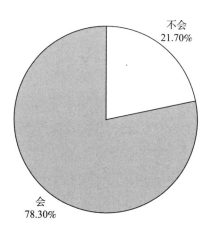

图2-43　加油工对在目前这座加油站继续工作三年以上的态度

资料来源：2018年B市加油工社会调查。

的加油工选择了"事情太多太杂"，有36.32%的加油工选择了"顾客不好对付"。此外，有20.00%左右的加油工认为"户外工作"、"缺乏上升空间"、"条件艰苦"、"存在安全隐患"和"工作没有技术含量，容易被替代"也是目前工作中存在的主要问题（见图2-44）。

困境就是工资能（应该）增加一点，最起码能在B市生活就行。

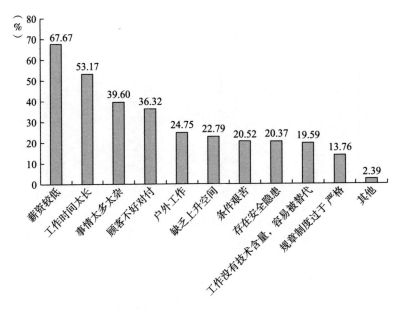

图 2 - 44　加油工面临的困难

资料来源：2018 年 B 市加油工社会调查。

别的没有什么，我觉得这个时间挺好，我们都愿意上这个时间（的班）。（ZXY 访谈录）

主要（困境）还是说晋升通道这一块。就是说你职业规划，很多人都这么说，我不能干一辈子加油员。加油员确实累，又不像当地的（指 B 市本地人）。好多人都是外地的，现在包括我们公司，B 市户口的少之又少，能达到 10%的（有）B 市户口，基本上都是外地的员工。所以说可能干到一定年龄的话，他可能就要选择（别的）行业，干些其他的事了，他会考虑。因为家庭或者这种收入对他来讲的话，他就必须得考虑了。（YPC 访谈录）

相应地，我们在问卷中询问了加油工"你身边的其他加油工离职的主要原因是什么"？同样也给出了与上一问题相同的 10 个选项。调查结果也十分相近，加油工所知的同事离职的最主要原因是"薪资较低"，样本中有

77.21%选择了这一选项（见图2-45）。其他各项的排序结果也基本与上一问题类似，在此不加以赘述。

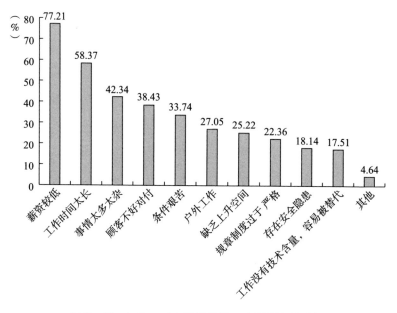

图2-45　加油工对身边其他员工离职原因的选择

资料来源：2018年B市加油工社会调查。

在深度访谈中，一些加油工表示，身边许多人是因为受不了顾客的态度，或与顾客发生冲突而离职的。这种现象在加油站行业十分普遍，后文中我们会对此进行深入分析。

　　　　受过几个司机的侮辱，他就受不了了，就离职了。（PZC访谈录）

　　　　憋气，生气受不了就走，不干了的有好几个。太生气了！顾客有的真是不礼貌，太缺德了！（有一次）好像是他（顾客）说加一百（块钱的油），因为有那啥？（他）有口音，我们就听到加满，经常会有这种的，就这样给多加了点，完了他就骂人。我那时候不是刚开始上班吗？我说的那"你骂谁"，就是因为这个。（他说）"我就骂你，就骂你，反正就骂了，怎么着吧"。我说"你再骂一句"，这（样）我俩就吵起来，

就打一块了，他也把我打了……打完了人家跑了你也拽不住。（ZXY访谈录，女加油工）

综上，本章根据2558份有效问卷的数据，从四个方面对加油工的群体特征和日常生活进行了客观陈述。我们可以看到，B市加油工以年轻的外来务工人员为主。"招不进，留不住"是目前加油站经营面临的一大难题。工源严重短缺，"短工化"趋势也十分明显。似乎，加油工的工作认同很难建立。加油站为员工提供了妥善周全的生活照顾，食宿条件良好，请假制度灵活。同吃同住的再生产体制塑造了加油工良好的同事关系。加油工的社区融入状况不佳，与周边社区居民联系不多。在对工作满意度、工作推荐情况和离职倾向的考察中，我们发现大多数加油工对工作表示满意，许多人愿意继续留在加油站工作。即使接受调查的加油工大多属于跨过"短工化"门槛的"幸存者"，我们仍然可以看到其中存在明显的张力，即，一方面是招工难和短工化的难题，而另一方面留下的加油工又体现出了不低的工作认同感。一位站长谈到了这种情况。

如果一旦能适应下来，基本上干的时间会比较长。前三个月他坚持不下来（就留不下）。如果三个月坚持下来了，这些问题基本上就没有了。（STZ访谈录）

那么，我们应该如何解释这一张力？是什么塑造了加油工的认同感？关于这些问题的进一步分析，将在后文中逐渐展开，并从加油工的劳动过程中找到答案。

第三章　嵌套劳动：加油工的劳动过程独具特征

　　作为一项针对职业人群的研究，加油工①的劳动过程无疑是我们考察的重中之重。劳动过程是社会学研究的经典议题，也是现代性研究的重要方面。马克思等经典作家揭示了劳资关系的对立，指出资方必然通过强化劳动控制以最大化地生产剩余价值，而这必然引起劳工的不满和反抗。由此出发，劳动过程研究的最基本内容就应至少包含两个方面：一是资方如何组织和控制劳动，以及如何实现价值的最大化；二是劳工如何抗争或为何合作，及怎样在这个过程中体现和伸张其主体性。过往的劳动过程研究以此为框架，强调回到劳动现场，以民族志研究为主要方式，探明劳资双方的策略，细致考察劳动过程中的制度、关系、结构和权力运作。20世纪70年代以来，随着服务业的兴起，顾客对劳动过程的影响开始被研究者关注。服务业劳动过程的研究范式因顾客而增加了一个新的"维度"，其复杂程度更进一步。20世纪90年代以来，生产全球化、用工灵活化、商业模式多元化等趋势不约而至，传统劳动过程研究中针对单一工种、单一行业的民族志研究的统用价值似乎有所减弱。换句话说，如果每个行业的劳资互动模式都不尽相同、难以类比，且充满不确定性，那么劳动过程研究的意义是否要打折扣？我们在近年来的劳动过程研究中也看到了这样的情况，框架犹存，但解读方式似乎越发零散。

　　在这个背景下，对加油工这样一个劳动群体的研究就仍然显得有一定

---

① 为使劳动过程研究更具代表性，本章中提到的"加油工"，即第一章中界定的"狭义加油工"，仅指从事加油作业的人员，不包括收银员、主管和站长。

代表性。因为，在各个行业商业运作纷繁复杂的当下，加油工的劳动仍然是高度标准化、同质化的。这个行业早已有之。它的服务面向社会所有阶层，劳动内容高度一致，甚至连所提供产品的价格几乎都是相同的。所以，选择加油工为调查对象，可以最大限度地保持研究过程中其他影响因素（尤其是价格因素）的不变或可控，更容易拨开其他因素的干扰，也更易于进行横向和纵向的比较。

在本章中，我们将细致介绍 B 市加油工的劳动过程。总的来说，加油工的劳动过程并非人们想象得那么简单。正如我们在第一章中的引子，加油工要在加油的同时向顾客推销非油品商品①。其劳动内容不仅包括简单的体力劳动，还包含诸多脑力劳动、情感劳动的成分。为系统性地展示加油工的劳动过程，我们首先要介绍加油工的劳动空间，即工作场地和工作设备的相关情况。

一 工作场地和工作设备

（一）加油站的空间布局

加油站大多建立在公路近旁，其建设必须符合国家标准《汽车加油加气站设计与施工规范》（GB50156）的要求。对于大多数人来说，能够一眼辨识加油站的标志莫过于"灯箱"和"罩棚"。"灯箱"也叫"品牌柱"或"立牌"，它矗立于加油站入口位置，靠近公路，一般高度为 5～12 米。灯箱上标注加油站的品牌（所属公司）、油品种类、服务项目和营业时间等内容。与灯箱相似，罩棚也是加油站特有的标志性设施。依据国家标准，加油站必须设立罩棚，其高度一般不低于 4.5 米，多采用钢网架结构。除了能够遮风挡雨，罩棚还必须具备一定的防雷电性能。罩棚之下即加油工的工

---

① "非油品商品"即加油站销售的除油品以外的其他商品，此概念在本章之后的部分中会有明确界定。

作区域，加油机和加油枪皆坐落于此。

由于加油站一般依公路而建，其经营场地也大多因势而为，即平行于公路，多呈长方形或半个梭形。调查中，我们也见到过呈三角形、半圆形或不规则形状的加油站，但总的来说数量很少。

车辆要进入加油站，先要驶出公路，并驶入加油站的"引路"。加油站的进口和出口一般是严格区分的，即进出道路皆为单行。车辆进入加油站后，必须沿着车道前行，不走回头路①。同时，为防止车辆堵塞，方便大型车辆进入院落，"引路"的宽度一般也不低于两条标准车道。

（二）加油机及其组件的排布

加油机设置在罩棚下方，伫立在防撞的混凝土台基（俗称"加油岛"）上。作为加油站最主要的生产工具，加油机的数量和摆放方式并不固定。根据不同的加油站建设规模，加油机数量多少不一，最少者仅两台，最多者可有二十几台。一般来说，所有的加油机会统一朝一个方向排列，大多平行或垂直于马路。两排加油机之间，一般会留下至少两条车道的间距，以方便车辆驶过。每个加油机上的加油枪数量不尽相同，有的 2 把，有的 4 把，最多的可达 12 把。总体来说，加油机的布置原则有两条，一是方便车辆进出，二是满足加油站的销量要求。

加油工值守在加油机旁，有车进站时，会对车辆进行引导，指挥车辆停靠在加油机旁边。在问明顾客需要加注的油品种类（如"92#汽油""0#柴油"）和数量（如"40升""300块钱的""加满"）后，加油工会根据油品选择加油枪，设置好相应的数量参数，打开车辆油箱盖，将加油枪插入油箱。随后，扣动加油枪扳机，开始加油。油品加注完成后，加油枪会自动"跳枪"②。加油工此时会将加油枪拔出，告知顾客加油已完成，并提醒

---

① 这种车辆单行的规定在实际执行中可能并不严格。

② 目前，B 市加油站普遍使用"自封式加油枪"，加油枪在判断油箱加满后，会自动弹开加油枪扳机，停止出油。这个过程俗称"跳枪"。

顾客查看加油机上的液晶显示屏①，以确认油品的数量和价格。之后，关闭油箱盖，现场收款或提醒顾客进站房交款。最后，与顾客告别。

加油机中的油品来自地下储油罐。B市的加油站一般设有2~10个地下储油罐。加油时，有油泵将油品从这些储油罐抽到加油枪中，并通过油枪加入汽车。储油罐一般设在罩棚下方，也有的加油站把储油罐设在其他位置。但一般为了避免管线过长产生形变而堵塞管道，储油罐不会距离加油机太远。

储油罐中的油品来源于油罐车。卸油区是油罐车向地下储油罐卸油的地方，一般设置在罩棚外，有专门的区域供油罐车停放并进行卸油作业。有些销量较大的加油站每天要卸油多次。每次卸油时，加油站都会有专人跟油罐车司机对接，核对供货单据，检验油品数量（查看是否少于登记的体积数），并协助罐车司机卸油。

（三）车用油品——加油站销售的最主要商品

车用油品是加油站销售的基本商品，分为汽油和柴油两种。在B市，汽油一般销售给民用小型客车，而柴油一般销售给商用大型客货车。由于B市不允许6米以下的轻型柴油车注册，所以B市所有民用小型客车均为汽油车，其数量占B市机动车保有量的90%以上。同时，B市城区还实行了非常严格的柴油车限行政策。因此，B市加油站普遍以销售汽油为主，柴油销量一般比较小。只有在部分高速路沿线加油站中，柴油才有比较大的销量。而B市城区内的许多加油站，已经取消了柴油加油机，专卖汽油。

车用油品是加油站销售的最主要商品。作为一种"标准品"，国家对车用油品的质量有明文规定，各种参数多达三十多项，每项都必须严格符合规定标准。所以，在理论上，所有加油站销售的油品的质量应该是统一的。尤其是在B市，由于有关部门多年来的大力监管，B市的油品质量达标率一直稳居高位。例如，2017年以来，国家有关部门在全国先后组织了多轮油品质量抽检、暗查。在许多地方都发现了超标油、劣质油、私调油的存在，

---

① 加油机上会有液晶显示屏，其上会显示本次加油的数量（升）和金额（元）。

B 市却独善其身。油品状况的高度一致性，导致加油站在价格让利方面空间不大①。虽然在 B 市以外的地区，加油站经常开展疯狂的"价格战"，但是这种情况几乎从未在 B 市出现。

（四）站房和便利店

站房也是加油站最重要的建筑之一。站房一般设在加油站的最里侧，远离马路，紧邻罩棚或同在罩棚之下。站房一般包括营业室（便利店）、办公室、员工休息室、卫生间、配电室等组成部分。有一些空间宽裕的加油站，还会设置单独的财务室、储藏室、站长室或会议室。

几乎所有加油站的站房内都设有便利店，收银台一般设置在便利店的最内侧，用柜台将顾客和收银员隔开。便利店的货架上，商品琳琅满目。一般主要有日用品区、食品饮料区和汽车配件区三部分。很多加油站的办公室和员工休息室不与便利店共用一道门。这样可以保证办公区域不受顾客的打扰，也有利于确保钱款、档案和固定资产等的安全。

市区内的加油站的空间普遍很有限，站房的占地面积很小，无法再容纳更多房间。但也有一些加油站，尤其是郊区或农村的加油站，有条件在站房空间上做些文章。诸如设立员工餐厅、厨房、休息室和员工宿舍等。对加油工来说，休息室和宿舍，无疑是漫长夜班中令人向往的场所，设在加油站附近也必然大大缩短了员工的上班路程。

用地条件更充裕一些的加油站，还会设立花坛、菜园、假山、鱼池、鸡笼等设施。加油工下班后，可以种菜养鸡、观花赏鱼。个别加油站甚至能实现吃菜、吃蛋自给自足，加油工可以足不出站，就能实现生活自足。加油站俨然形成了都市中一个小小的"独立王国"。但是，这些生活设施都在逐步被取缔。例如调查中，我们得知 LSL 加油站后院有菜地，遂与站长联系去现场考察。结果数日后当我们抵达现场时，已存在多年的菜园刚刚

① 国家发改委公布的"成品油指导价"，是加油站零售价格的最高限。加油站可以根据自身情况选择降价。

被铲平，地面也已硬化。问其原因，得知是上级担心菜园里的落叶会影响加油站的消防安全。

二　生产组织方式和劳动强度

（一）站长负责制和班组制：加油站的生产组织

一座加油站主要包括4类岗位[①]，即站长、主管、加油工和收银员。在生产组织过程当中，我们大致可以将这4类岗位概括地分为"管理层"和"生产层"两个层级。具体来说，"管理层"包括站长和主管，主要负责劳动计划的制订、任务分配和日常管理。在一些规模较小的加油站中，不设站长以外的其他专职管理者，管理层就只有站长一人。而生产层主要包括加油工和收银员，他们主要从事面向顾客的服务工作。同样在一些规模较小的加油站，不设专职的收银员，即生产层中只有加油工一类岗位。加油站组织结构示意参见图3-1。

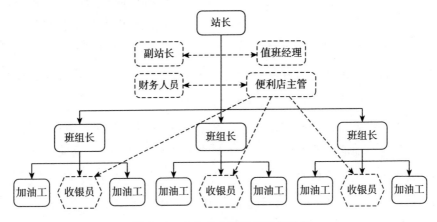

图3-1　加油站典型组织结构示意

说明：以三个班组为例，加油工、收银员人数不定，虚线框部分为非必设岗位。

---

① 在此我们并未将保洁员、厨师等杂工考虑在内，因为他们与加油站的主要生产活动并不直接相关。

站长扮演的是连接加油站与上级公司的枢纽性角色。如前文所述，加油站（除个体加油站外）以上的层级系统包括市级公司和区级公司（如设立）。这些上级公司中包含各类专业部门，它们都会制定相应的任务和要求。例如，公司主管油品销售的部门会为各加油站制定油品销量目标，规定一定时间内加油站需要完成的销售总量；再如，公司的安全环保部门会为加油站制定一系列的日常检查、设备维护和安全生产等方面的任务。这些任务在落实到每座加油站时，都会由站长作为全权负责人。换句话说，公司在下达任务时，是"只见站长、不见加油工"的，即，站长就是上级眼中的最终执行者和考核对象。这种体制颇有些在政府基层单位里"一把手负责制"，或"上面千条线、下面一根针"的意味。

　　而与此相对应的是，在基层员工眼中，又是"只见站长、不见公司"的。即，加油站的日常生产都由站长负责组织，其他主管人员配合站长。加油工一般只听命于站长的安排，而几乎不会受到来自上级公司的指挥和规制。在这种结构下，站长俨然就成为加油站的"第一执政"①。在实地调查中我们也发现，许多加油工甚至不认识公司机关的主要管理人员。一次笔者遇到某市级公司机关部门负责人到加油站检查工作，由于事先没有打招呼，站长当时并不在加油站。当这位负责人询问加油工有关情况时，加油工竟表示不认识他，不愿与其交流。在负责人反复表明其身份后，加油工仍然冷漠地告诉他"有事问站长吧"。可见，公司机关的部门对基层加油工是缺乏规制能力的。

　　生产层的组织方式普遍采取"班组制"的模式。这是由加油站特殊的工时制度决定的。由于绝大部分加油站夜间不停业，必须保证24小时运转。因此，大多数加油站采取倒班工时制度。其中，最主要的形式就是"三班两倒"，即加油工每上工12小时，休息24小时。也有少数加油站采用"四班三倒""两班两倒"等制度。不管使用怎样的倒班方式，都需要加油站把生产层员工分为几个小的班组，并在每个班组中任命一名"班组长"。

────────────

①　"第一执政"是拿破仑在雾月政变后短暂担任的职位，有"准独裁"的性质。

一般情况下，班组长并不是一个制度化的岗位，他们只是站长在普通加油工当中任命的一个生产带头人。例证是，大多数公司并没有为班组长设立专门的岗位工资，这就意味着，在上级公司眼中，班组长与其他加油工无异[①]。班组长的任免主要取决于站长，且任免并不固定。哪位员工表现得好，随时可能被任命为班组长；哪位班组长表现不佳，也随时会被取消职务。但是，这并不代表班组长不重要，更不代表他们没有任何谈判能力。由于加油站的生产昼夜不息，管理人员不可能24小时都在岗，这就需要班组长在站长离岗时临时承担管理者的职能。同时，班组长也有代表本班组与站长协商的权利。当本班组成员对生产安排、薪酬分配或其他方面提出意见时，班组长就会代表本班组成员发声。此外，一个班组内的成员构成也是不固定的，站长可以根据生产需要和个人情况，随时对人员进行调整。

（二）工时制度

加油站典型的工时制度有"三班两倒"、"四班三倒"和"长白班"等。倒班的具体安排方式上文已有描述，而"长白班"则特指每天只在白天来加油站上班。比较典型的长白班是从早上8点到晚上7点。除了站长和主管人员执行长白班外，长白班人员主要是为了应对一些加油站白天车流量较大的情况。一般情况下，长白班是"三班两倒"和"四班三倒"制度的补充。即，大部分员工执行倒班制度，而白天会增加几名长白班人员来充实人手。同样，还有极少量"长夜班"的存在。B市加油工的工时安排分布见图3-2。

工时制度由站长统筹安排，但加油工也有根据实际情况与站长协商的权利。首先，可以通过集体协商建议站长改变整个加油站的工时制度。

> 以前执行过一段时间8小时（工作制），后来总有人半夜下班，大家就跟他（站长）商量，改成了"三班两倒"。（ZXY访谈录）

---

① 也有少部分公司规定的与此不同，给班组长以一定的岗位工资，但金额不多，往往每月只有二三百元。

其次，可以向站长申请改变个体加油工的工时安排。例如为了接送孩子方便，将倒班制换成长白班。

> 有的时候，咱们员工也有其他的事情。（比如）说要求这个月我上一个月夜班。白天去处理一些事情，比如接送小孩。在我这一块也会考虑他的家庭情况，也可以（调换一下）。还有些时候，像咱们新招的员工，就先给他安排到夜班，因为白班顾客太多，收钱的时候会出现一些差错。夜班车少的时候，让他锻炼一个月、两个月，等他手法、业务这块熟了以后，再给他排班（倒班）。（LY 访谈录）

此外，工时制度的执行细节也是可以协商的。通常，加油工可以通过与站长协商改变"每班"的起止时间。

> 我们是白天的（班）11 个小时，晚上的（班）13 个小时。因为晚上可以适当休息一下。毕竟人少，车也少。特别是后半夜以后，可以分开轮换休息一下。就基本晚上（实际工作）在 9 个或 10 个小时之内。（STZ 访谈录）

> 咱们这个站"早高峰"比别的站早，六点半左右（车）就来了，所以我们也把早班（上工）时间提前到 6 点。（RSS 访谈录）

数据显示，执行"三班两倒"工时制的加油工占比最高，为 47.22%，占总人数的将近一半；执行"四班三倒"工时制的加油工占 11.81%；上"长白班"的加油工占比为 27.48%（见图 3 - 2）。但是，无论采取什么样的工时制度，加油工都普遍存在超时劳动的现象。

《中华人民共和国劳动法》规定，我国实行 8 小时工作制，每周工作时间不可超过 44 小时，且每月平均加班时间的最高上限为 36 小时。法律规定

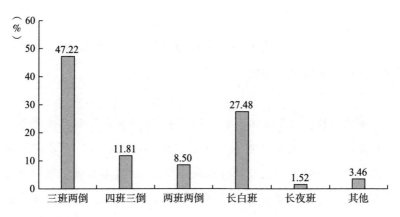

图 3 - 2　加油工的工时制度安排分布
资料来源：2018 年 B 市加油工社会调查。

虽然明确，但加油工的工时制度却导致其长期处在超时加班的状态中。具体来说，执行"三班两倒"的加油工每周平均工作时间为 57 小时，每周平均加班 17 小时，每月平均加班时间约 68 小时。执行"四班三倒"的加油工每周平均工作 56 小时，每周平均加班 16 小时，每月平均加班时间在 64 小时以上。执行"两班两倒"的加油工工作时间最长，每周平均工作时间达到 84 小时，每月平均加班时间超过 176 小时。可见，无论执行哪种倒班制度，加油工的劳动时间都远远超过了劳动法规定的最高限值。加油工每日劳动时间的数据见图 3 - 3。

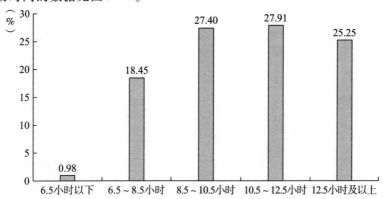

图 3 - 3　加油工平均每日工作时长分布
资料来源：2018 年 B 市加油工社会调查。

（三）劳动强度

在这样的倒班制度下，加油工的劳动强度可想而知。加油站虽然设有罩棚，但加油工的工作环境其实与其他室外劳动无异。夏季，罩棚下宛如蒸笼，加之来来往往的机动车尾气和噪音，条件十分恶劣。调查中，笔者只是在工位上站立一小时，没有进行任何劳动，就已经浑身湿透、筋疲力尽，而加油工们动辄要在这样的环境下持续劳动十小时以上。

2012 年，国家安全生产监督管理总局等四部门制定了《防暑降温措施管理办法》，规定从事高温作业的劳动者，应依法享受岗位津贴。B 市相关部门也公布了配套实施办法，规定每年 6 ~ 8 月发放高温津贴，室外露天作业人员高温津贴为每人每月不低于 180 元。调查中，加油站均能较好地落实这个制度，部分加油站还对津贴金额进行了适当上浮。

> 一个月是 300（元），就是额外给你 300 块钱的补助。就是说夏天买水喝的，买水果吃的。（HDY 访谈录）

冬季的情况同样令人难以忍受，罩棚遮挡了阳光，加油工"不管穿多少，一会儿就冻透了，站 12 个小时，不让歇着。除了中午吃饭半个小时可以歇会儿，别的时间（都）不让歇的。所以这 12 个小时你要想想，谁站着都不会轻松"（ZXY 访谈录）。夜晚更是难熬，B 市冬季的夜间气温常常低于零下 10 摄氏度，并时常伴有大风。这种环境下的室外劳动可谓一种对生理忍耐极限的挑战，加油工被冻伤的情况也时有发生。

在一天当中，进站加油的车流量实际上变化幅度很大。早晚交通高峰期间，城区的加油站几乎无一不在排队，加油工均处于连续高强度劳动中。而夜间的车辆就要少许多，甚至经常出现"空场"的情况。鉴于此，我们在问卷中询问加油工"车少时，您是否可以进屋休息"。从问卷结果来看，有近四成（39.72%）的加油工表示，由于有明令禁止，他们不能进屋休息。另有 36.80% 的加油工表示，虽然有明文规定，但站长或主管会适当安排他们进屋休息。站长在执行这项制度时，具有一定的自由裁量权，体现出一种"柔性"的管理方式。具体数据如图3-4所示。

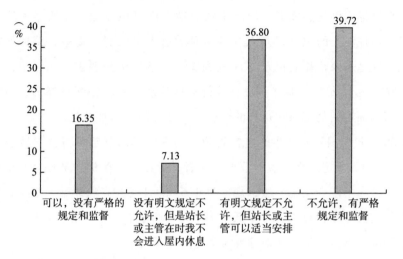

图3-4　加油站关于加油工工作期间进屋休息的规定和管理方式

资料来源：2018年B市加油工社会调查。

我们在问卷中询问加油工对于劳动强度的主观感受。数据显示，有15.87%的加油工表示自己的工作"任务很多，忙不完"，有50.08%的表示自己"任务较多，但是能完成"，选择"比较清闲"或者"经常没活干"两个选项的加油工总共只有0.74%（见图3-5）。另一组数据显示，分别有58.37%和42.34%的加油工表示"工作时间太长"和"事情太多太杂"是造成加油工离职的主要原因。

> 劳动强度挺大。因为咱们站一天平均得（有）1200辆车左右（加油），所以说咱们员工得来回地跑，而且还会来回地说，不停地说，去推销，做咱们加油"六部曲"。一开始我做加油工的时候就感觉腿和脚都特别酸疼。（LY访谈录）

有加油工表示，由于劳动强度太大，即使有介绍新员工奖励制度的存在，自己也不会介绍自己的亲友来工作。

我怕他们都承受不了，太累了。（ZSY访谈录）

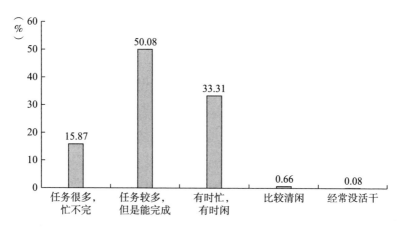

图3-5　加油工关于劳动强度的自我感知

资料来源：2018年B市加油工社会调查。

（四）劳动过程引发的健康问题

在这样的劳动强度下，很多加油工的健康状况亮起了红灯。有职业病防治专家指出，加油工受工作环境的影响很大，高强度、长时间的工作，加之倒班制度的实行会导致作业人员神经系统、内分泌系统紊乱，造成反应迟钝、失眠等症状[①]。

对加油工来说，常态化的"黑白颠倒"是一个绕不过的难关。白班和夜班交替进行，许多加油工的生物钟被完全打乱。调查中，有51.23%的加油工反映自己受到失眠困扰（见图3-6）。有些加油工表示，做一名合格加油工的基本素质就是"倒头就睡"。如果本身就睡眠不佳，这样的工时安排是"很熬人的"（YPC访谈录）。

影响加油工健康的另一个主要因素是长时间暴露在高浓度的汽油、尾气和噪声之中。其中，汽油属于国家《职业病危害因素分类目录》（国卫疾

---

① 赵南、钟茂耀、唐旭东：《汽油对人体的慢性毒性影响》，《工业卫生与职业病》2000年第5期，第296~297页。

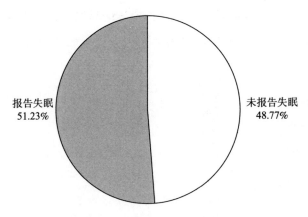

图3-6 加油工的失眠情况
资料来源：2018年B市加油工社会调查。

控发〔2015〕92号）规定的职业病危害因素。汽油中的苯、甲苯、二甲苯都是高致癌物质，长期暴露其中对人体的危害极大。汽油对神经系统有较强的毒害作用，并对人体的血液系统、肾脏和皮肤都有危害。B市某区疾病预防控制中心曾以11座加油站的140名员工为调查样本，经体检发现加油工普遍出现头晕、头痛、记忆力减退等神经系统症状；患有高血压、皮肤病、神经反射异常的比例较高；加油工白细胞数量普遍低于正常值，免疫力低下[①]。问卷数据也显示，报告出现过恶心、头晕、头疼等反应的加油工占比为37.85%（见图3-7）。访谈中，一些站长也表示，加油站有不成文的规定，如果哪位女加油工怀孕了，会立即将她调离加油岗位，转任收银员。

在加油工的劳动过程中，长时间户外劳动和长久站立是家常便饭，受到腰腿疼、风湿病、关节炎等疾病困扰的情况司空见惯。此外，加油工的用餐时间也极不固定。许多加油工反映，在倒班制下，许多加油工会在后半夜"加餐"以维持体力。调查中我们看到，有些夜班加油工还会带着一大杯浓茶或咖啡上夜班。同时，夜班结束后加油工已非常疲劳，吃过早饭之后（甚至不吃早饭）就会立即睡觉，且一般都会直接睡到下午或晚上，醒来时已错过午饭的时间。不规律的饮食，加上秋冬季的寒冷环境，导致

---

① 王璇：《关注加油员职业健康》，《现代职业安全》2010年第7期，第71~73页。

许多加油工患上胃病。数据显示，报告胃病的加油工比例竟高达 42.00%，问题的严重性可见一斑。加油工健康问题报告结果见图 3-7。

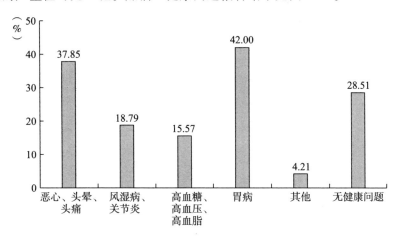

图 3-7　由于工作引起的困扰加油工健康的问题（多选）
资料来源：2018 年 B 市加油工社会调查。

三　加油和推销：相互嵌套的劳动

从第一章开头的引子中就可以看出，加油工的劳动过程并不像我们想象得那样简单。调查发现，加油工除了要加油之外，还需要同时向顾客推销非油品商品①。因此，除了要付出高强度的体力劳动，加油工还要在推销过程中进行大量的脑力劳动和情感劳动。在以下的分析中，我们将加油工的劳动过程分为"加油劳动"和"推销劳动"两个部分，并分别进行分析。

（一）加油劳动

1. "去技术化"的加油操作

毫无疑问的是，加油是加油工最主要的劳动内容。B 市所有加油站管理单位都对加油劳动的每个操作步骤进行了严格而明确的规定。其中最具代

---

① 如前文所述，"非油品商品"即加油站销售的除油品以外的商品，品类丰富，后文会有详细描述。下文中"非油品"和"非油品商品"皆为同一概念。

表性的，是中石化的"加油八步法"和中石油的"加油十三步曲"。

这些加油的规范化操作流程，是在2001年前后开始固定并推广执行的。彼时，两大集团均处于快速拓展成品油零售业务的阶段，对社会加油站进行了大规模收购。一时间，加油站数量猛长，管理标准不一，造成了一定程度的混乱。据B市某石化企业的一位老干部回忆，当年甚至有加油工加完油之后忘记拔枪导致车辆把加油机拉倒的事故发生。

为规范管理，两大集团先后于2001年制定了《加油站管理规范》①，对所有加油站的服务流程进行了统一要求。制度执行以后，起到了较好的效果，加油操作得以迅速标准化。此后，相关经验得以在全行业推广。时至今日，B市几乎所有加油站都把"加油八步法"或"加油十三步曲"（以及由其演变而成的"六部曲"，见表3-1）②作为标准的操作流程。

表3-1　各公司加油规范操作对比

BP公司"加油六步法"	中石化"加油八步法"	中石油"加油十三步曲"
第一步，指挥来车，微笑招呼 第二步，询问油品和数量并重复 第三步，介绍公司业务或推广活动 第四步，清洗前后风挡 第五步，告知顾客数量和金额 第六步，多谢光临、欢迎再来	第一步，引车进站 第二步，问候顾客 第三步，开油箱盖 第四步，加注油品 第五步，擦拭车窗 第六步，盖油箱盖 第七步，结算货款 第八步，引车出站	第一步，迎候 第二步，引导车辆 第三步，开启车门 第四步，微笑招呼 第五步，礼貌询问 第六步，开启油箱 第七步，预置 第八步，提枪加油 第九步，收枪复位 第十步，擦车 第十一步，提示付款 第十二步，送行 第十三步，清洁

资料来源：于迎杰：《唱好"加油十三步曲"》，《中国石油企业》2008年第Z1期，第118~119页。

---

① 李文：《贯彻〈加油站管理规范〉提升零售网络竞争力——访中国石油炼油与销售分公司副总经理田景惠等同志》，《国际石油经济》2002年第1期，第32~34、64页。

② 后期，各大公司在采纳中石油和中石化规范化管理经验时，对操作流程进行了适当优化，下文中BP石油的"加油六步法"就是典型事例。

在每个步骤背后，还有更加具体、细化的操作规程。我们在加油工评级考试复习资料中，看到了对"加油十三步曲"的细化操作规范。其中对加油工的每个具体动作和使用的话语都做了明确的规定。

（1）站立迎候。在加油机与入口最近的一侧，着装、形象、站立姿势正确，面带微笑，同时双眼注视来车方向。

（2）引导车辆。在5秒钟到达车前，引导姿势：一手举起，一手在身前划两下，引导车辆到加油机前停止；左手举与耳朵平行，手心朝外，向顾客问好。引导时要注视车辆来的方向，同时迅速判断车辆的油箱位置和应加品种。

（3）开启车门。开车门的姿势：①左手开门，右手后背；②右手开门，左手后背。开门后双手后背。对于目视大车，要呈站立姿势，目视司机；对于小车，可微微弯腰，目视司机。要保证自己开门后与司机面对，不可用车门挡住身体，更不可趴在车门上。如果司机自己开门，要主动说"谢谢"。

（4）微笑招呼。文明用语，礼貌招呼（"您好，欢迎光临！"）和安全提示（"加油站内严禁烟火！""这里禁止打手机！""请您熄火加油！""谢谢合作！"）。

（5）礼貌询问。礼貌询问所需油品及加油数量（"建议您加满"），听完后要重复（"好的，X油品，加满""X油品，X元，请稍等！"）。

（6）开启油箱。开启油箱后，要将油箱旋塞挂在油箱外盖处或者放在加油岛安全的地方，切不可放在加油机上，如果司机自行开启，要表示感谢。

（7）预置加油量。

（8）提枪加油。提枪之前先检查扳机是否在膛上，同时提示司机数码回零（"您请看，机械数码已归零。"）。动作要领：加油枪胶管不得拉得太紧；轻轻提起油枪，枪口向上，慢慢放入油箱口，先慢后快，防止溅油；加油过程中，要时刻注意油箱，防止溢出；姿势：一手持

加油枪，一手扶住胶管，采用站立或半蹲的姿势；与顾客进行非油
互动。

（9）收枪复位。加完油后，要稍抬油枪，控净余油，枪口向上轻
轻放回原处；拧紧油箱盖并确定；司机自己盖油箱盖的要表示感谢。

（10）擦拭玻璃。询问是否擦车（"请问是否需要擦拭挡风玻璃或
后视镜？"）；如果擦车要迅速有效。

（11）提示付款。礼貌地向顾客说明：加油机号、加油枪号、加油
品种、加油升数、加油金额；如果顾客自己去交钱，提示付款地点并
目送；如果现场收款，收到钱后，询问是否开具发票，再次提示非油
品，然后唱收唱付，将找零双手送到顾客手中。

（12）礼貌送行。确认付款后双手关上车门，并致道别语（"再见，
欢迎再次光临！"）挥手道别，目送4~5米。

（13）清洁工位。如果没有下一位顾客，清洁场地，盘好胶管，等
候下一位顾客。

在实地调查中我们看到，大多数加油站会在班前将员工集中起来复习
和演练上述规范操作，以确保每个动作都纯熟而标准。对于新入职的加油
工，"一对一""手把手"的训练更是必不可少。加油工经过训练后，加油
动作有如整齐划一的"广播操"。操作流程深入人心，许多加油工戏称"八
步法"为"天龙八部"。

可见，加油劳动过程是高度制度化、规范化的。在车辆不排队的情况
下，从引导车辆停靠，到完成加油后送车出站，一个操作周期一般最多只
需要5分钟。在这5分钟当中，要求加油工的每个动作都要熟练、精确而简
捷。有时一个娴熟的加油工甚至能同时照顾三四把枪加油，还依旧能做到
动作标准、不手忙脚乱。业内对一个优秀加油工的基本要求是"加一看二
照顾三"。受访加油工普遍反映，公司对操作的要求高度统一，且在入职伊
始就进行培训，他们入职后大概只需要两三天就能完全做到熟练掌握，所
有的操作都能严格依照标准进行。可以说，加油操作呈现了明显的"去技

术化"特征①。

2. 工位分配和班组成员配合

加油工的加油劳动整齐而精确，体现出明显的泰勒制管理和"去技术化"的影子，但加油劳动和流水线劳动依然具有很大差别。加油工之间的沟通协作为劳动带来了一定的不确定性。

这种不确定性首先体现在工位的分配上。加油站的工位分配主要采用两种方式，一是给员工设定固定的加油机和车道（以下简称为"工位"），二是给每位加油工一张"员工卡"，加油工在加油之前打卡计件。工位是有好坏之分的，好的工位，干活不累，计件容易，其所处位置也不会被风吹雨淋；"坏的"工位则可能完全相反。

举例来说，一般加油站入口的第一台加油机就是典型的"坏工位"，他们一般把这个工位称为"入口工位"。因为，对于加油工来说，"引车入位"是工作的重要内容，把车引导到正确的位置，才能保证站内的加油作业高效快捷，不发生车辆拥堵。所以，对于在入口工位当值的加油工来说，由于每台车辆进站时，都会首先经过这个工位，所以这位加油工就要负责引导每辆车。他要实时观察身后的情况，把车引到正确的车道和加油机。

> 你引导不好，比如说来一辆那个宾利、保时捷的。那油箱口本来是靠左边的，你给它引错方向了，你只能把枪拽过来加，那把车给蹭了就很麻烦。我觉得这必须要给员工培训到位，你要尽量让油箱顺着方向。（STZ 访谈录）

---

① "去技术化"是社会学家布雷弗曼（1920～1976）在《劳动与垄断资本——二十世纪中劳动的退化》中发现的现象，由后人整理提炼形成"去技术化"的概念。"去技术化"指垄断阶段资本主义生产过程中，资方通过将劳动的知识和概念"抽离"，使工人不再掌握劳动技术，变为没有思想的工具，从而降低了工人的议价能力，进一步加强了资方对劳动过程的控制。当然，加油工的劳动本身就是简单劳动，并不完全符合布雷弗曼提到的关于"去技术化"的那种将复杂劳动分解为多个简单劳动环节的典型特征。我们也可以这样说，加油劳动是高度"脚本化"（scripted）的。

但问题在于，除非站内所有的工位都已"满载"，否则入口工位是不会有车加油的，毕竟所有的司机都想把车停在尽量靠近加油站出口的位置。同时，由于入口工位一般处于罩棚的边沿，风吹、日晒、雨淋使这个工位的工作环境要恶劣得多。

> 你比如1号岛加油车辆少，3号岛加油车辆多，他（们）都想站那儿（1号岛），而且3号岛是散装油和摩托车专用道。所以说摩托车上那儿去就必须登记。（这很麻烦？）很麻烦！车多，一般的这边都留给新人。（LY访谈录）

> 前两个月也比较热，4号岛那个罩棚比较小，早上和下午的时候太阳都会直射……我也是给他们安排一人一小时，循环地去替换4号岛的人。反正这些事都是我们及时发现，及时调整。（LY访谈录）

从上面的访谈内容可知，另一个典型的"坏工位"是出租车或摩托车的专用工位。加油站会为这两种车型设置指定的加油机。其中，出租车司机一般会要求加油工把油加得特别满，满到要在"跳枪"之后还要继续加油，直到能从油箱口看见油面为止，这给加油工的操作带来了很大的难度。在这种情况下，很多出租车司机还强调油品不能有一点遗洒，哪怕只是几滴油洒在外面，也会招致司机不满。那么，既要满满当当，又要一滴不洒，这种要求无疑是苛刻的。再如，B市有关部门要求，摩托车、三轮车加油必须要"三证齐全"，即车辆行驶证、驾驶证、车牌照齐全且一致。在"三证齐全"的情况下，加油工还要登记加油人员的身份证号后方可加油。每次查验证件、登记信息，都要耗费大量的时间。然而，由于许多摩托车车主并不了解相关政策，来加油时经常没带齐证照。在这种情况下，加油工是坚决不会为其加油的，由此就产生了很多争执和冲突（后文第五章有对此现象的详细分析）。

那么，加油工的工位是如何分配的呢？调查中我们得知，多数时候，工位分配并无成文规则，一般有三种常见的分配方案。一是工位轮换。加油工在站内各个工位之间轮换，轮换周期一般为一天，即今天在 A 工位，明天就轮换到 B 工位。二是"新手"负责"坏工位"。这样做的目的，名义上是锻炼新员工，实际上常常是老员工挑肥拣瘦的结果，其他员工也乐于看见这样的分配方法。三是带班长或老员工负责"坏工位"。这样做的目的是，用老员工或管理者的经验和能力来应付"坏工位"带来的麻烦。这样做的前提则往往是带班长或老员工拿了更高的报酬。

从工位分配的过程就可以看出，同一个班组加油工之间的协作是非常重要的。问卷数据显示，有73.65%的加油工表示自己在工作中"一直都需要"和"经常需要"互相帮忙（见图3-8）。尤其是在"引车入位"的过程中，如果班组内的几名加油工配合得好，加油效率会成倍提高，对缓解车辆拥堵也有很大作用。同时，当某个加油工因为车太多而忙不过来时，其他加油工也会积极帮助，如此也保障了劳动现场的高效和有序。另外，当班的加油工和收银员的良好沟通也能够有效防止顾客"逃单"。因此，保证班组内成员的融洽关系对提升劳动效率是非常重要的。所以，站长在调整加油工的班组时，会着重考虑班组内的人际关系。

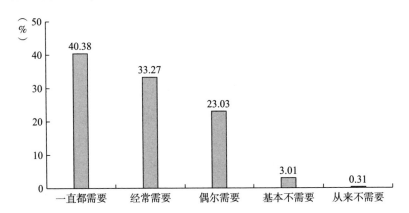

图3-8 加油工在完成工作过程中需要和其他工友之间相互帮忙的情况
资料来源：2018年B市加油工社会调查。

（二）推销劳动

在中石油的"加油十三步曲"操作规程中，我们都看到其中一个规定动作是"与顾客进行非油互动"。那么，什么是"非油"，又怎样进行"互动"？这个问题引起了我们的关注。

"非油"是"非油品商品"的简称。对于加油站来说，一般把除汽油、柴油以外的所有商品都称作"非油品商品"。"互动"的内容可以参见第一章引子中笔者的经历，指加油工利用加油等待时间，向顾客推销非油品。这种互动在企业内部常被称作"开口营销"。调查数据显示，有86.15%的加油工表示自己需要在加油的同时推销非油品商品（见图3-9）。

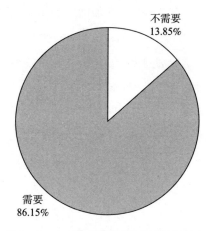

图3-9 加油工需要推销非油品的情况

资料来源：2018年B市加油工社会调查。

据了解，"开口营销"的销售模式并非从来就有，这种模式大约发轫于2006年前后。彼时，越来越多的加油站利用站房空间开设小型便利店，引入百货销售。起先，超市货物销量不佳，一些加油站为了提高销量，开始鼓励加油工在加油时开口向顾客推销。一经试验，效果良好，这个经验随即被介绍到其他加油站。这种工作模式后来逐渐被制度化，成为加油工必须完成的工作内容。

加油工推销的商品可谓种类繁多（见图3-10），有的与加油业务相关，如燃油宝、润滑油、玻璃水等；有的则关系不大，如饮料或食品和日用品。现场调查发现，不同时节热销的商品不尽相同。夏季，矿泉水是司机最常购买的商品。到B市桃子丰收的时节，一座加油站一天还能卖出几十箱桃子。秋天新米上市，大米很受司机欢迎。尤其是出租车司机，他们日常没有时间到商场或超市购买大米，就在加油时顺带买齐。冬季车辆故障高发，购买燃油宝的顾客增多。尤其是春节前后，大家把车开回老家，担心油品质量没有保障，都会捎上两瓶燃油宝以便有备无患。

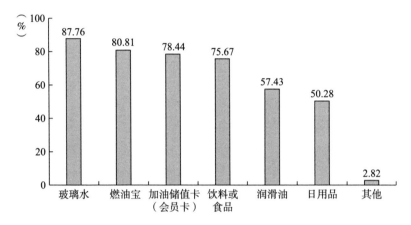

图 3 － 10　加油工向顾客推销的非油品商品类型

资料来源：2018 年 B 市加油工社会调查。

对加油站企业来说，"非油品"市场目前还是一片"蓝海"①，B 市多数加油站企业都在重点推广这种"开口营销"的模式。为了提高推销效率，企业会为加油工制定标准的推销话术和"套路"。如第一章引子中，加油工向笔者推销时的那一整套话语，事后经考证，大多是公司事先"编剧"和"导演"的结果。

我们曾观察到，在 B 市北环边的一座加油站中，加油工在早班前被集中起来，由站长带到会议室内，播放讲解大米推销技巧的 PPT。站长的讲解绘声绘色，内容包括：大米的产地、质量、主要优点、折扣政策、推销话术，以及对加油工推销的激励政策②等。我们看到，加油工们认真听讲，不时做笔记，举手提问。大家集思广益，最终把所售大米的优点总结成三五

————————

① 资料显示，欧美国家加油站的非油品收入要高于油品收入。但在国内，非油品收入所占比例目前还很低。

② 即成功推销每袋大米给员工的提成。

句话，形成顺口溜。一场普通的班前会，俨然升级为一场关于销售的"头脑风暴"。

我们看到，许多加油工在随后的劳动过程中都能很好地利用站长培训的话术。在短暂的三五分钟内，加油工充分利用与顾客交流的机会，熟练地运用培训提供的脚本，向客户推销商品。但其推销话语并不局限于培训内容，自由发挥的成分占比也不低，甚至有些话语已经稍显"离谱"，含有一些"忽悠"的成分。就如第一章的引子中，加油工使用的"激将法"话语，就并不在公司培训内容之中，而是加油工临时起意的结果。

在某加油站，我们观察到，一个上午过去，"Y现磨大米"已卖出十几袋，推销战绩不错。但是我们同时观察到，在这几位加油工之间，推销的成果存在不小的差异。其中，能说会道的加油工 LZ 可谓顺风顺水。他所在的工位上，大米被频频搬上车辆的后备厢。LZ 一个人的推销业绩，就占到整个班组的七成多（这个班组中参与轮班的有 3 人，加上"长白班"2 人，现场共 5 人）。每次推销成功后，LZ 都会掏出小本子记下一笔。轮到他吃午饭时，他将小本子拿到加油站收银台去报账核对，确认数量后才开始吃饭。根据班前会上站长宣布的激励政策，LZ 一上午的推销"提成"① 就达到 70 多元。而其他 4 名加油工的"提成"加在一起，都不到 LZ 的 1/3。

晚上下班后，加油工们聚在一起"盘库"②，大家对 LZ 的推销业绩赞不绝口。LZ 丝毫不掩饰自己的自豪，但工友也并不反感，纷纷虚心向他请教推销经验。讨论中，早上会议室内的气氛再次浮现。我们查看了加油工的工资条，LZ 此前一个月的收入达到 7000 多元，赚的比站长还要多，而其他加油工的收入只有 2500～3000 元。按照加油工们的说法：

---

① "提成"在加油行业也称"计件工资"，是推销商品得到的报酬，后文我们称"计件工资"，并会有详细介绍。

② 加油站规定，两个班组交接时，要对销售情况进行盘点，内容包括油品库存、员工销售量、设备情况等。"盘库"时，刚刚走下工位的班组成员会聚在一起。这是班组成员之间交流的重要场合。

"Z 哥是我们的偶像。"（LN 访谈录）

四　薪酬制度："超额"、班组竞赛和推销提成

LZ 的工资算不算高？为什么比其他加油工高出一倍多？我们下面来介绍一下 B 市加油工的薪资情况。

总的来看，B 市加油工的收入水平较低。问卷数据显示，B 市加油工中有 33.46% 报告自己 2017 年的收入为 3 万元以下，有 77.91% 的加油工年收入不超过 5 万元（见图 3 - 11）。相比于 B 市 2017 年 10.16 万元的社会年平均工资[①]，即使加油站"管吃管住"，加油工的收入也实在算不上高。

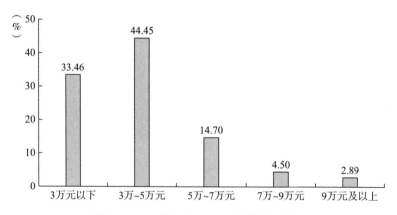

图 3 - 11　B 市加油工 2017 年的收入情况

资料来源：2018 年 B 市加油工社会调查。

薪资结构是本调查的重要研究内容。总的来说，B 市加油工的薪资结构并不复杂，但是各公司的结构配比并不相同，对工资结构中各个组成部分的称呼也各不一样，这种状况给调查带来了很大的困难。例如，各公司对于"绩效工资"的概念界定就各不相同。在某加油站的工资条上，"绩效工

---

① 数据来源于《B 市人力资源和社会保障局　B 市统计局关于公布 2017 年 B 市职工平均工资的通知》。

资"一栏只有200多元，经询问得知，这里的"绩效工资"实为奖金，仅特指完成销售任务后所得到的一次性的奖励性收入。而在另一个加油站的工资条上，"绩效工资"一项的金额为1200元。这个站的加油工告诉我们，公司将除基本工资以外的所有工资全都归为"绩效工资"。面对这种情况，我们如果盲目采纳某个公司的惯例来进行研究，肯定会导致结果的彻底失真。因此，我们决定另起炉灶，在剖析各公司薪资结构的基础上，提炼出具有代表性的薪资结构模型。在这里，我们先把提炼得到的模型列出：

工资总额 = 基本工资 + 绩效工资 + 计件工资

如上，我们将B市加油工的工资分为基本工资、绩效工资和计件工资三部分，下面我们将逐项进行界定和分析。

（一）欠缺成长性的基本工资

基本工资应是一个广义范畴，鉴于各加油站企业对这部分工资的命名各不相同，我们对其进行了重新界定。本研究所指的"基本工资"泛指那些不随着工作业绩变化而变化的工资收入，是工资中的保障性部分。基本工资既囊括了所谓的"保底工资""起薪"，也包括所谓的"岗位工资""工龄工资"。对于加油工来说，基本工资一般不会太高，额度大致为B市社会最低工资标准上下500元不等。一位加油站会计向我们描述了基本工资的计算方式，在她的描述中，基本工资包含了底薪、岗位工资、工龄工资和级别工资。

> 基本工资我们现在是1560元（每月）。我说的基本工资也不光是"基本"工资，另外还有岗位工资、工龄工资。（岗位工资）你像站长是200元，我和计量员都是100元。我们仨算是管理人员，其他人都是50元。（问：工龄工资能有多少？）除了站长所有人都是每年30元（工

龄增加一年，工龄工资增加 30 元）。（YQY 访谈录）

从 YQY 的描述可以看出，他们将岗位工资、工龄工资等都算作广义的基本工资的一部分。基本工资的金额不高，YQY 的基本工资仅有 1560 元（每月），低于 B 市当年（2018 年）最低工资标准（2120 元/每月）①。此外，虽然加油站设置了工龄工资和岗位工资，但其成长性十分有限。按照 YQY 提供的计算方法，假设一位已有 10 年工龄的老员工，并且已经被提升到主管位置，他的基本工资依然只比新入职的加油工高 420 元（每月）。这样的成长性显然是不能令人满意的。或者换句话说，加油工的基本工资几乎不具有成长性。基本工资较低导致加油工的工资保障性严重不足。因此，加油工要提高收入，就必须依赖工资中的其他部分。

（二）绩效工资和班组竞赛

如上文所述，加油站企业对绩效工资的界定方式是非常复杂的。我们经过广泛的调研，对绩效工资给出了一个界定：同一座加油站内基本相同（或按照规定比例分配），但不同加油站之间存在一定差异的工资。

如定义所示，绩效工资的计算方式主要与一座加油站的任务完成情况挂钩。绩效工资金额要视全站的任务完成情况而定，常常由上级公司统一划拨给加油站，再由加油站自行分配。所以，由于各加油站之间绩效任务完成情况不同，其绩效工资数额也是不同的。

上级公司会为加油站制定销售任务，任务包含油品销售和非油品销售两部分。如果全站完成相应的销售任务，加油工会拿到相应的绩效工资，如果完不成，则要按比例扣减。如果超额完成，则会有一定比例的超额奖励。在 KDF 加油站，我们看到站长室的墙上挂着全站当年的任务指标。

---

①　B 市人力资源和社会保障局：《关于调整 B 市 2018 年最低工资标准的通知》。

纯枪销售量[1]11060吨，非油收入（不含税）376万元，新增记名加油卡2280张。

一位站长向我们描述了其加油站绩效工资的计算方式。

我们基本工资为2500（元）。然后我们最低的绩效标准的话，站长是1000（元每月），员工是650（元每月）。我们卖30吨及以下的话是一吨给（整个加油站）80（元每月），31～90吨，一吨给40（元每月）。91～150吨是一吨给30（元每月）。（问：全B市都这样算吗？）我们ZY公司都这样算。

（问：绩效工资在站里是怎么分配的？）我们拿系数，就是普通员工（加油工和收银员）的系数是1，主管的系数是1.4，站长的系数是2.0。系数可以（是）站长定，但是大家得信服，所以说基本上就是大家都积极讨论。这块（绩效工资）这个东西，你定下来一个制度的时候，肯定要后边跟着考核，你的考核标准是一样的话，大家是公平的，那就可以。（YPC访谈录）

根据站长的描述，他们完成一定比例的绩效任务，公司就会付给加油站相应比例的绩效工资。这些工资在站长和加油工之间是以固定的比例分配的。显而易见的是，能否完成任务、是否实现"超额"[2]，以及完成多少、超额多少，决定了加油工每月能拿到多少绩效工资。因此，全站一年辛苦的总目标，就是完成这些任务，即实现"超额"。

（问：销售任务是每年都上升还是会根据市场情况调整？）

---

[1] 即从加油枪加出去的油带来的数量。

[2] "超额"的概念借用了布若维的《制造同意》中对操作工工作任务量的界定修辞。操作工完成指定数量的劳动，公司就付给相应的工资，如果完成量超过这个指定数量，公司就会超额付给工资。这个指定数量就被称为"超额"。

基本上都在上升。每年都会上升，因为油品相对饱和了，特别是非油品（销售收入会上升），非油品我们从一年20万（元的任务要求），现在做到一年差不多1000万（元）。

　　（问：什么时候是20万元？）

　　2009年的时候，现在1000万（元）。

　　（问：这个非油品都包括什么？）

　　除了油（品）之外都是非油（品）。

　　（STZ访谈录）

　　公司在分配绩效工资方面，赋予了站长相当大的自由裁量权[①]。许多站长就在绩效工资上动起了脑筋，用差异化的分配方式来激励加油工的劳动积极性。例如，SQ加油站为了激励员工，就采取了劳动竞赛的方式来实现差额分配绩效工资。该加油站也采用"三班两倒"制度，共分为三个班组。站长规定，每月销售业绩排名第一的班组中每位加油工会拿到600元绩效奖，排名第二的班组每人得300元，排名第三的只有100元。这种分配方式在B市加油站行业并不罕见。"比赛奖金"虽然不多，但对于月收入不高的加油工来说还是具有一定吸引力的。另外，在绩效工资的分配方式上，站长一般会与加油工协商，以确保平稳执行。

　　每个站都会制定一个考核标准。但是你（制定）考核标准的话，大家同意了你的考核标准，那我们就做二次分配。公司是给你整个这么一块，刚才我跟你说的是油品，还有便利店也一样，都是按这么（标准）给你一块，然后剩下的你站里做一个自己的二次分配。（STZ访谈录）

　　据该加油站站长反应，劳动竞赛的氛围十分浓厚，各个班组长都会每天在微信群里发布本班组的劳动成绩和竞赛排名，时刻提醒大家要"撸起

---

① 大多数加油站站长虽掌握分配权力，但会与员工有限协商。

袖子加油干"。我们在加油站的微信群里就看到站长这样总结当日的工作：

> 12月14日
>
> 油品（收入）28772.39元；非油（品收入）3178.5元。
>
> 整箱水目标1655元，实际125元，差额－1530元。
>
> 玻璃水目标330元，实际630元，差额＋300元。
>
> 新会员办理5笔，充值/售卡0元。
>
> 加油笔数：92#645笔，95#187笔，柴油16笔。

但是，我们也可以看到，绩效工资的数额依然比较有限，而且在全站完成年度销售任务后，这部分工资对于员工个人来说也多少具有一些"旱涝保收"的意味。所以，也有很多加油工将绩效工资称为"定额"。综上，绩效工资虽然能够提高加油工的收入，但并不是拉开收入差距的关键，激励程度仍然有限。加油工工资中真正具有激励性的部分，是计件工资。

> （问：工资有多少？）基本工资1000（元），绩效工资1000（元），然后剩下的就是计提（计件工资）了。（XMY访谈录）

（三）计件工资：拉开收入差距的关键

调查发现，计件工资才是加油工增加收入的决定性因素。

必须提前说明的是，计件工资分为油品（加油量）计件工资和非油品（非油品推销量）计件工资两种。在计件工资方面，虽然B市加油站数量众多，但计件方式并不算复杂。大多数加油站都设置了非油品计件工资，数据显示，只有9.13%的加油工报告没有非油品提成。但油品计件工资则相对罕见，也不是加油工拉开收入差距的关键。这主要是因为，油品销售数量主要取决于进站车辆的多寡，而进站车辆数与加油站的地理位置直接相关，与加油工主体性因素关联不大，所以油品计件仍然具有较强的普惠性质。因此，为保证研究代表性，我们只观察最普遍的非油品计件工资计算方式，并得出如下公式：

$$计件工资 = 非油品商品销售数量 × 提成率$$

其中，"提成率"即加油工成功推销某件特定非油品商品后得到的提成金额，一些加油站将其简称为"计提"。

上文提到，加油工推销的非油品商品种类繁多，而且，每种商品的"提成率"也大有差别。比如，推销一瓶燃油宝的提成是 5 元，推销一瓶玻璃水的提成是 2 元，推销一箱矿泉水的提成是 8 元，如此不等。加油工完成相应商品的推销，他本人或当班收银员会记录下推销成果。下班后盘点时，大家再到收银台进行核对。由于上级公司在不同时段要求加油站推销的"重点商品"会发生变化，推销商品的提成率也会发生浮动。比如某公司要求全年完成润滑油销量大于 X 吨，在年底前，如果加油站完成 X 吨的任务有困难，就有可能提高润滑油的推销提成。再如某年夏季的桃子滞销，加油站企业一方面会出台桃子打折的政策，另一方面会将销售桃子的提成率提高到每箱 15 元。如此，加油工只要每天能成功推销 7 箱桃子，他当天的收入就可能达到基本工资的两倍。正如上文中提到的例子，站长会及时向加油工通知"提成率"的变化情况。当某种新商品到达加油站时，站长也会根据商品特点，及时组织大家学习研讨推销技巧。

（问：那在这个销售技巧上，您对员工有培训吗？）

有，我们会针对，你比如卖个苹果，这苹果是哪产的？它有什么作用？我们都会给员工讲。卖一款水，这个水有什么功效？也是它生产在哪？这水为什么贵？为什么便宜？比如说现在我们有一个水搞促销，比如说"农夫（山泉）"。我们旁边搁那种水，那种"农夫（山泉）"一般是卖 90 块钱一箱。我们都会告诉客户，网上卖多少钱。比如说淘宝、京东卖多少？家乐福卖多少？我们卖多少？这都会教给员工，只有你把这些信息给客户（才能销售出去）。你有的时候在意价格，你要给他讲价格的问题，价格我们不贵。很多人认为加油站东西比较贵，就跟机场似的。我会告诉你，贵不贵你可以比较一下，你现在就可以拿手机搜一下淘宝、京东，它卖多少钱我卖多少钱，我们都会给员工讲这些东西。我们有便利店主管，他专门搞非油销售的，他首先会针对这个大的活动总结一些经验分享给员工。如果都是这样，你三个班组和四个班组都是一样的，各个班组都有他们的销售策略，这里边有很多的技巧。（STZ访谈录）

然而，如果以所有加油工为一个整体来考察，计件工资（提成）占加油工实际收入的比例仍然不高（见图3-12）。有44.90%的加油工表示，计件工资（提成）占其收入的总比例为15%及以下。调查发现，推销成功率实际上确实很低，"这一天就能推销三五个"（XL访谈录）。许多员工即使努力推销，每天增收也就区区十几块钱。但与此相对的是，也有许多受访人员表示，计件工资才是拉开工资收入差距的关键。加油工也普遍认为，个人销售能力的差异是导致收入差距的主要原因。一方面是较低的推销成功率，另一方面是明显的收入差距，两种情况之间呈现明显的张力。

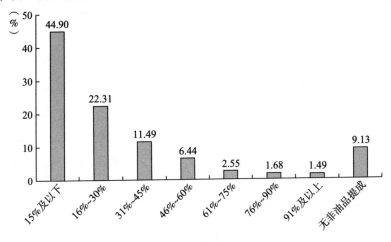

图3-12　加油工推销非油品所获提成占月收入的平均比重分布

资料来源：2018年B市加油工社会调查。

就是你做（推销）得多，你就收入多，你做得少收入就少。就这个意思，就是在小团体要体现多劳多得。就，你销售多，就一定会挣钱多。就我们这一个（班）组也不相同，我们挣钱也是不一样的。你像我们最多的和最少的，能差3000块钱。（STZ访谈录）

（问：为什么收入会有这么大差距？）因为比方说你这一天下来，这个人卖了好几千块，你卖了几十块钱，几百块钱，人家拿提成拿一二百，你拿几块钱、几十块钱，这一个月工资，有的人，能力强的和能力差的真能差一两千块钱，所以说销售能力肯定每个人都会去学。（HDY访谈录）

综上，计件工资是拉开收入差距的关键。只不过，真正能凭借计件工资获得高额报酬的加油工可谓少之又少。计件工资达到总收入比例30%以上的加油工，仅占总人数的23.65%。可以说，只有不到1/4的加油工依靠推销明显地提高了工资收入。

（四）劳动监督

以上提到，推销提成是拉开收入差距的关键，但只有少数员工能够得到可观的回报。那么，作为一名加油工，如果不想拿到那份并不丰厚的提成，是否可以不进行推销呢？答案是否定的，因为公司还设置了一套劳动监督制度。其监督手段主要有三种：一是全景视频监控，二是"神秘顾客"，三是顾客投诉系统。

1. 全景视频监控

出于安保和劳动监督的考虑，加油站的视频监控系统是24小时全覆盖、无死角的。自然，加油工的劳动也始终在监控之下进行。访谈中，许多站长表示他们会通过视频观察加油工的劳动过程，监控和检查加油工的加油动作、服务情况、推销行为等。如果加油工没有按照"加油八步法"或

"加油十三步曲"的规定进行加油操作，例如没有微笑招呼顾客，没有"唱收唱付"，或没有正确操作加油枪等，都可能会受到管理者的惩戒。非油品推销也是视频监控的重要监督内容。此外，上级公司也会派人负责查看各加油站的视频监控。

2．"神秘顾客"

许多石油企业采用"神秘顾客"服务管理考评体系①来监督员工行为。"神秘顾客"指经过严格培训后扮演成顾客，对事先设定的问题或现象进行逐一检查和评估的调查人员。上级公司一般会委托第三方机构人员扮演这一角色。由于被检查者事先无法识别"神秘顾客"的身份，故而这种方法被认为能够真实、准确地反映被检查人员的一贯行为方式。这种方法最早由美国的大型跨国企业，如肯德基、诺基亚、摩托罗拉、飞利浦，所创造和使用。国内加油站的"神秘顾客"访问制度由BP公司首先引进，随后被其他许多石油企业效仿。

"神秘顾客"考察的首要问题是加油工是否按照规定的标准操作加油。其中，"微笑服务"、"唱收唱付"和加油时是否遗洒等都是考察的关键。另一个考察的重头戏就是推销，如果发现加油工在有条件的情况下没有推销非油品商品，那么他所在的加油站将被"扣分"。这将影响到全站所有人的绩效工资和年底考核成绩，所以一般是不可容忍的。

3．顾客投诉系统

有许多研究者已经注意到，在现代服务业劳动中，资方会借助顾客来控制劳动过程，加油工也不例外。调查中我们发现，加油站内的劳－客之间的权力运作，对劳动过程起到了明显的塑造作用②。资方利用了这一机制，有效地实现了对加油工劳动过程的监督和管理。其具体运行手段就是设立面向顾客的投诉系统。加油站规定，如有加油工被顾客投诉，一经核实，就将对该加油工进行处罚。处罚的方式主要是经济惩戒，一般对加油

---

① 张颖：《加油站服务管理质量管理规范方法探讨》，《中国石油和化工标准与质量》2011年第6期。

② 后文（第四章）中，我们会对劳－客关系进行专门的分析。

工予以 100~500 元的罚款。如情节严重，也有可能减扣该加油工当月除基本工资以外的一切收入。再有甚者，加油工可能面临被开除的命运。

我们在访谈中得到了诸多相关信息。加油工被投诉的理由可谓五花八门。加油动作慢、态度不好、推销"废话"太多、加油遗洒等都可能成为被投诉的理由。

> 有的客人很着急，说快点啊，怎么这么慢；车有时候非常多。有时候员工在这边加油，或者是在这边收钱（开票）。他那边下车没等个二三十秒、半分钟左右，他就着急了。（XMY 访谈录）

处理投诉的方式分为两步。首先是"核实"，即加油站站长通过视频监控系统查看事件经过是否与投诉内容一致。其后是"沟通"，加油站站长会亲自致电与投诉人沟通，试图争取投诉人的谅解。如果投诉的事由被核实，经过沟通后又没有取得谅解，那么加油工就要面临惩罚。

> 投诉打 955××，955×× 会把这个信息返回到分公司，然后反馈到加油站。然后（站长）就联系投诉的顾客，有些（个）问题必须（得）给他解决，到最后让我们处理回访，满意率必须达到百分之百。
>
> （问：比如说，我是您的一个员工，我被投诉了，那我会被怎么处理呢？）
>
> 要是由于你个人原因造成的有效投诉，我们是要扣你 500 块钱绩效的。
>
> （问：有效投诉是怎么界定的？）
>
> 有效投诉就是说人家顾客投诉你了，然后（发现）这个确实属实，（是）由于你在工作当中服务态度造成的。
>
> （问：怎么认定它属实？）
>
> 我们可以通过监控（确定）。
>
> （WZJ 访谈录）

一位站长向我们描述了某加油工被投诉而最终导致被开除的事件经过。这位加油工在接到顾客递过来的加油卡后，由于另外一辆车的车主催促他赶快加油，他就把加油卡放在加油机上，随即跑到了另一个工位，导致这个工位的车主非常不耐烦，认为自己遭到慢待。车主立即拨打客服电话投诉，并对客服人员夸张地描述说，加油工"拿着我的加油卡跑了"。由于顾客始终不依不饶，加油站最终将这位员工开除了。

我们发现，在处理投诉的过程中，加油工作为当事人，是完全没有发言权的。一旦被投诉，他的命运就完全交给了资方、站长①和顾客。但是，制度上的设计并非没有"空子"可钻。在处理投诉的过程中，加油工可以利用与站长的个人关系，向站长进行辩解，影响"核实"和"沟通"的过程和结果。同时，许多加油站企业将惩罚的自由裁量权交给站长，使站长可以在一定范围内调整罚款金额。因此，平日与站长的良好关系无疑是此时加油工得到"宽大处理"的重要倚仗。调查中我们也发现，顾客无缘无故投诉的情况也比较常见。问卷数据显示，有 39.47% 的加油工同意或非常同意"无理取闹的客户很多"，有 45.35% 的加油工同意或非常同意"许多顾客是带着情绪来加油的"。许多加油工即使能操作规范、态度良好，依然会遭遇投诉。那么对于他们来说，一个明哲保身的重要方式就是与站长"搞好"关系。在遭遇投诉的时刻，关系会发挥至关重要的作用。

五 "嵌套劳动"概念的提出

（一）推销岗前培训

调研中，加油工的"加油－推销"相结合的劳动模式引起了我们的兴趣。上文提到，加油工的推销发轫于 2006 年前后，早期仅在部分加油站先试先行。在取得成功经验后，这种工作模式逐渐得以推广并成为一种制度，

---

① 在处理投诉时，站长并非始终站在资方一边，后文中会有介绍。

被写入加油站管理规章中，成为一种必不可少的劳动内容，并逐渐发展出了独立的任务指标和考核体系。为了深入了解这种劳动模式，我们参加了 B 市某大型石化企业的新入职加油工培训班。培训共设置了 15 项内容，36 个学时，由企业领导和加油站站长"现身说法"。在课程内容设置上，加油工的第一堂课是"加油 X 步法"，这无疑是加油工工作的最重要技能。而紧随"X 步法"后的第二门课，标题是"开口营销"，在课程内容简介中有这样的描述：

　　（1）开口营销：开口营销的必要性，加油工角色的转变，为什么要做开口营销；

　　（2）加油工销售自身修炼：优秀销售人员要素，必备的基础知识；

　　（3）加油工销售技巧：销售的定义，规范服务操作流程，销售中技巧的运用，销售小技巧，销售中的注意事项；

　　（4）顾客异议的处理。

　　整堂"开口营销"课程听下来，其内容主要是让加油工了解为什么要推销；教导加油工怎样推销，如何放下心结、张开嘴巴，并取得更好的推销效果。"开口营销"是整个岗前培训中课时最长的课程。其他课程，诸如安全知识、规章制度、企业文化、员工权益和设备使用等，课时均短于"开口营销"。

　　从调查者的直观感受来看，"开口营销"的课程设置可谓精彩，实际案例很多，加油工们听得也最为认真、最有共鸣，甚至不时齐声喝彩、掌声雷动，完全不似其他课程那样严肃死板。课堂上，我们和加油工们一道领略了非油品推销的非凡成就和远大前景，也共同为幻灯片上那些推销能手的收入发出惊叹。

　　　　她会说敢做、有情有爱，顾客进站都爱找她加油。只要张某在……个人非油品销售金额总是加油站第一。销售最好的一个月，她个人完成全站非油品销售任务的 50%，当月收入近 6000 元[1]。

　　在侯某的带领下，YH 加油站非油品销售额节节攀升，仅今年 1 月就销售赖茅酒接近 10 万元[2]。

　　培训结束后，新员工随即进入"入班实习"阶段，即跟在老员工身后边干边学。在这个过程中，我们不仅看到了"师傅"们标准的加油操作，也看到了"师傅"们驾轻就熟的推销技巧，以及加油和推销两个劳动内容的高度结合。一些场景给我们留下了深刻的印象。

　　例如，"师傅"在拧开顾客车辆的油箱盖后，油箱中忽然有大量气体冒了出来，发出"咚"的声音（后来的调查发现，这种情况在炎热的夏天十分常见）。"师傅"见状马上对顾客说："您听见了吗？这车的油箱胀气特别严重，说明发动机需要立即清洁，否则车就要出现故障，建议加一瓶燃油宝，今日特价最后一天。"还有一次，"师傅"在顾客加油等待的过程中（按要求顾客车辆必须熄火，这样的话夏天车内会很热），告知正在擦汗的顾客有矿泉水和可乐在打折，需要的话还可提供纸巾、冰品、西瓜。这些推销行为，都在"加油—拔枪"的两三分钟内完成，"闲谈"之际，商品已频频被顾客买走。油枪跳起，销售也随之结束，丝毫未影响后面排队车辆，时空上连贯衔接，操作上高度嵌合。

　　通过观察"师傅"的劳动过程，我们发现了在过往劳动研究中不曾涉及的一种现象。在其劳动过程中，同时存在两种不同类型的劳动——加油和推销。其中，加油是简单的体力劳动，有明显"泰勒制"痕迹的"去技术化"特征，而推销却包含了大量的脑力劳动和情感劳动，需要经常自由发挥和随机应变。那么，我们应该如何定义这一整套劳动过程？它的性质是什么？两种劳动内容结合的条件是什么呢？下文中，我们将提出"嵌套

---

[1]　许金玲、张青芳：《宝山金凤凰》，《中国石油石化》2016 年第 1 期，第 70～72 页。
[2]　范伟娟：《党员带头　加油北京》，《中国石油石化》2018 年第 11 期，第 64～65 页。

劳动"的概念来描绘这种劳动过程，并分析其性质及实现条件。

（二）嵌套劳动的概念

可以看到，由于加油和推销的相互嵌合，加油工的劳动过程实际上包含了体力劳动、脑力劳动和情感劳动等诸多维度，无法将其清晰地界定为某一类型。而如果以劳动的复杂程度来划分，加油工的劳动似乎既包括简单劳动的方面，也包括复杂劳动的方面，同样很难进行类型学划分。

2017 年，麦卡锡全球研究院曾在其发布的全球职业研究报告①中，将目前人类所有的劳动类型划分为 7 类，包括：（1）管理他人；（2）应用专业知识；（3）与利益相关方互动；（4）不可预测的体力劳动；（5）数据收集；（6）数据处理；（7）可预测的体力劳动等。对照这份职业研究报告，我们仍旧很难将"加油－推销"的劳动归纳为其中的任意一种。因此，以往研究对于劳动的类型学界定已经不能覆盖和解释加油工独具特征的劳动过程。鉴于此，我们将对"加油－推销"的劳动过程重新进行界定。

我们把这一整套劳动过程定义为"嵌套劳动"。在这种劳动中，两种性质完全不同的劳动内容高度嵌套在一起，嫁接在同一时空、同一个劳动者的同一个劳动过程当中。我们看到，推销——这项原本与加油毫不相干的劳动内容，被完美地嫁接在加油的过程中。在这两项劳动内容中，劳动者付出的劳动形式完全不同，过程上也没有任何因果联系，却得以在同一场景中并行不悖地展开。我们看到，进行嵌套劳动的加油工们，仿佛同时拥有"两张面孔"。一方面，他们是不声不响的加油工；另一方面，他们是能说会道的推销员。他们加油时的动作整齐划一、规范精准；而他们推销时使用的话语，却有大量自由发挥、随机应变的成分。资方对两种劳动的控制方式，也完全不同。

不难想见的是，这种嵌套劳动的模式并非加油站所独有，在当今很多

① 麦卡锡全球研究院，网址：https://www.mckinsey.com/featured-insights/future-of-work/jobs-lost-jobs-gained-what-the-future-of-work-will-mean-for-jobs-skills-and-wages，最后访问日期：2021 年 9 月 10 日。

服务业部门中，我们都可以看到类似形式的劳动。比如，我们已经习惯于理发师在剪发时建议我们办卡，或向我们推销护发产品；健身教练在指导我们锻炼时，总忘不了推荐另一门课程，再推荐我们购买蛋白粉等保健食品；按摩师除了提醒我们办上一张储值卡，还会建议我们体验新研发的按摩技术；培训机构的老师总想说服我们购买一些教辅资料，还特别希望在下个暑假的"英语夏令营"中再见到我们；房产中介在帮我们租房子时，经常向我们介绍配套的家政服务；而家政工打扫卫生时，又努力向我们展示新型的擦玻璃设备；老人们到小区门口免费测量血压，归来时却戴着一款"降压手表"；餐厅里新款啤酒上架，我们总是先从服务员口中得知；许多私营医院的医生似乎特别为我们的健康担心，希望我们再吃点药，再做一些检查。凡此种种，他们的劳动都与加油工在加油的同时向顾客推销非油品商品的模式十分相似。他们都在原有的劳动内容中加入了新的，甚至是与原劳动过程完全无关的成分。推销被巧妙地嵌套在原有的劳动过程当中。可见，虽然过往的劳动研究并未对这种现象进行概念化，但它早已广泛存在于我们的生活之中。上述这些劳动现象，都可以被纳入我们提出的"嵌套劳动"概念的解释范畴。

（三）嵌套劳动的实现条件

当我们梳理总结以上这些劳动的特征时，不难发现，它们具有两个共同的先决条件。第一，服务（劳动）过程具有时空驻留性。无论是等待加油的司机还是理发的顾客，他们所接受的服务过程都不是一蹴而就的，都需要在指定的空间内停留足够长的时间，这是嵌套劳动发生的必要时空条件。一个反例是，同为加油站的员工，收银员就很难在服务过程中嵌套其他劳动内容，因为他们的服务往往是在短时间内完成的。第二，服务（劳动）过程中存在有效沟通。嵌套劳动必须要以劳客双方的有效沟通为前提。例如加油工如果不仔细询问顾客加注什么油品、加多少数量，他是无法完成接下来的操作的。而在有些服务场景中，劳客之间的沟通是非必要的，或是流于表面的、无效率的（比如只问"您好"和"欢迎再来"），这类

"无效"的沟通也难以为嵌套劳动提供条件。综上，我们认为，时空驻留和有效沟通是嵌套劳动发生的必要条件。

六　嵌套劳动的后果

（一）劳动收益的明显倾斜

我们调查了加油站非油品销售的历史业绩。国内开始大规模建设站内便利店始于 2002 年前后。起初，由于消费者购买习惯等原因，销售业绩并不好。为了提高非油品销量，以中石化为代表的石化企业率先在 2006 年前后开始推广加油工非油品推销模式。这种嵌套模式的推广获得了成功，中石化在非油品业务方面取得了巨大进展[1]，旗下的易捷便利店已成为全国最大的连锁便利店网络，非油品销售额从 2008 年的 10 亿元上升至 2017 年的 520 亿元，10 年增长 50 多倍，非油品销售毛利率连续 5 年超过 10%[2]。集团前董事长提出：

> 非油品的发展目标是将中石化由油品零售商发展成为综合服务商。到 2020 年实现营业额 1500 亿元，力争 2000 亿元，毛利总额 300 亿元[3]。

对于资方来说，非油品销售可谓成绩斐然，而这其中必然包含着大量"加油－推销"嵌套劳动的贡献。虽然我们无从准确考据"加油－推销"的嵌套劳动究竟给企业带来了多大的利润，但从近期企业官方刊物中对非油品业务的形势分析中，也可窥其端倪。

---

① 数据显示，中石化在十年内已建成全国最大的零售网络。参见孙鹏程《易捷十年：打造国内最大连锁便利店网络》，《中国石化》2018 年第 10 期，第 86～88 页。

② 于智林：《加油站非油品销售市场分析》，《石化技术》2019 年第 26 卷第 2 期，第 251 页。

③ 李晶：《油品销售企业非油品业务市场分析及营销策略研究》，《商业文化》2015 年第 15 期，第 166～169 页。

目前的易捷便利店业务还主要依靠加油员的口口引导与宣传，规划与目标不够明确，也没有充分利用油品销售的相关资源，坐拥宝山而不入，造成了巨大的浪费①。

可见，加油工的"引导和宣传"仍是非油品销售业务的主要方式。在另一篇文章中，作者也对某省公司的非油品销售中加油工"开口营销"的贡献比例做出了量化。

员工的心态转变很大，技能也明显提升，敢张口、会推销、能卖出。过去一个站的非油品任务70%靠站长在站外完成，现在70%由员工卖出②。

访谈中，B市一位国企高级主管人员做出了这样的估计：

（问：大概有百分之多少的非油品是由"开口营销"卖出去的？）没法衡量这个事，但是定量地说一说这个事的话，我粗略估计一下至少百分之七八十得跟"开口营销"有关系。（SY访谈录）

以上情况与我们在劳动现场观察的情况相符。例如燃油宝、润滑油和大米等加油站销售的"拳头产品"，多数都是依靠加油工的"开口营销"卖出的。但与之相对照的是，仍有33.46%的加油工表示自己的年收入在3万元及以下，77.91%的加油工年收入在5万元及以下。在公司非油品销售业绩增长50倍，且毛利润率并未下降的背景下，多数加油工的总收入还达不到B市最低工资标准的2倍。在石化企业内部工作人员撰写的文章中也有

---

① 田源：《油非合加快推进非油业务发展》，《中国石化》2017年第3期，第33~35页。
② 侯田田：《技能竞赛的"多米诺"效应》，《中国石油石化》2013年第1期，第64~65页。

反思：

> 多数加油站开展非油品业务的盈利并没有很好地与职工的收入挂钩，员工不能享受非油品业务发展带来的成果①。

上文已经介绍，绝大多数加油工的推销效果并不好，一天下来推销出的商品屈指可数。中石化公司公开的统计数据显示，购买非油品的顾客还不到全部进站顾客的7%②。其中，再除去那些主动购买商品的顾客以及那些只购买一些无法"计件"的零散货品的顾客（比如一瓶可乐、一包烟），真正能够让加油工实现成功推销的顾客可谓寥寥无几。如上文所述，当问卷问及非油品推销带来的收入比重时，有近一半（44.90%）的加油工表示，这部分收入占总收入的"15%及以下"。

（二）劳动强度的明显提升

为进一步考察"加油 – 推销"嵌套劳动对加油工的影响，我们将所有"狭义加油工"再细分为两组，一是"从事非油品推销组"（以下简称"推销组"），二是"不从事非油品推销组"（以下简称"不推销组"）。主要考察两方面内容：一是非油品推销对加油工劳动强度主观感受的影响；二是非油品推销对员工实际收入的影响。

问卷数据分析结果显示，"推销组"加油工和"不推销组"加油工的工作忙碌程度主观感受差异明显（见图3 – 13）。"推销组"中，有17.22%的加油工感觉自己"任务很多，忙不完"；而在"不推销组"中，这一数据仅为5.64%，比"推销组"加油工低11.58个百分点。同时，"推销组"中认为自己"任务较多，但是能完成"的也比"不推销组"高7.23个百分点。与此相对的是，有超过一半（51.13%）的"不推销组"加油工认为自己

---

① 蒲忠、李国营：《中石化加油站非油品业务营销存在的问题及其策略研究》，《物流科技》2018年第41卷第1期，第39~41页。
② 于智林：《加油站非油品销售市场分析》，《石化技术》2019年第26卷第2期，第251页。

"有时忙，有时闲"，而"推销组"中选择这一选项的比例不到 1/3
（31.84%）。这个结果与我们在劳动现场的观察结果是一致的。对于"推销
组"加油工来说，推销劳动填满了大部分劳动间歇（加油等待时间），使加
油工始终处于忙碌状态。推销使简单的加油劳动变得复杂，使这个简单的
体力劳动过程融入了大量的脑力劳动和情感劳动成分。而对于"不推销组"
加油工来说，"有时忙，有时闲"是他们劳动状态的写照，车多的时候忙一
些，车少的时候则闲下来。问卷数据也很好地证明了这一点。

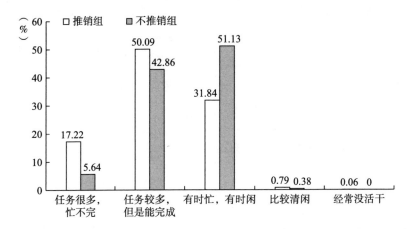

图 3 – 13　"推销组"和"不推销组"加油工的工作忙碌程度
资料来源：2018 年 B 市加油工社会调查。

　　另一个值得关注的现象是，调查中我们也看到，顾客中对推销表示反
感的比例很高，有的人甚至"张嘴就骂你"（XL 访谈录）。加油工常常因为
推销而陷入与顾客的言语冲撞之中。访谈中我们得知，推销造成的言语冲
撞是加油工与顾客矛盾的重要原因之一。问卷结果也显示，推销非油品的
加油工与顾客发生冲突的概率要明显①高于不进行推销的加油工（见图 3 –
14）。这无疑提高了加油工的情感劳动强度。

---

　　①　两组比较 p 值等于 0.023，在统计上具有显著性。

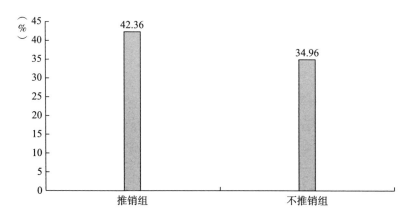

图 3 – 14　加油工是否与顾客发生过冲突与是否推销的交叉分析结果

资料来源：2018 年 B 市加油工社会调查。

（三）劳动强度和劳动报酬的失调

我们在接下来考察两组加油工的收入差异时，发现了一个反常的现象。当问及"去年全年总收入"时，"推销组"加油工的收入反而低于"不推销组"加油工（见图 3 – 15）。在我们划分的收入五分区间中，选择最低两档——"3 万元以下"和"3 万 ~ 5 万元"的"推销组"加油工明显多于"不推销组"加油工。其中报告"3 万元以下"的"推销组"加油工的比例比"不推销组"加油工高了 10. 06 个百分点。而收入处于 5 万元及以上[①]的"不推销组"加油工占比（22. 16%）反而比推销组加油工占比（9. 58%）高 12. 58 个百分点。

这组数据让我们颇感意外。加油工的劳动过程竟然在一定程度上存在劳动强度与收入不成正比的趋势[②]。对于那些必须从事非油品推销的加油工来说，其更高的劳动强度是直观可见的，数据也显示其对劳动强度的主观体验也明显更为强烈。但反观其收入，并没有因为更高的劳动强度而提高。

---

①　总体来看，收入高于 5 万元的加油工仅占总数的 22. 09%，属于收入较高的群体。

②　相关数据样本仅包括"狭义加油工"，经分析不存在诸如岗位差异、食宿情况和企业所有权性质等各种因素对收入的干扰。

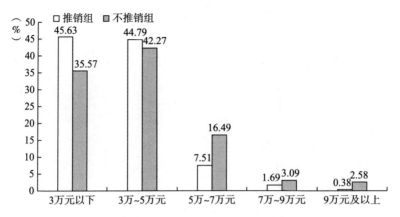

图3-15　"推销组"和"不推销组"加油工的年收入分布

资料来源：2018年B市加油工社会调查。

随后的访谈内容也验证了这一点，对于大部分加油工来说，虽然他们的推销行为非常积极，但每日成功推销的商品数量极少。忙碌感倍增的同时，对其收入的提高作用却不明显。在加油工招聘广告上，我们常常看到这样的描述："月薪3500元+提成"或"月薪3000～5000元"。对于加油工来说，无论是"提成"还是月薪中的高限，无疑都是具有诱惑力的。但至于能否拿到提成，能拿到多少，或能否拿到高限月薪，就因人而异了。既然，"加油-推销"嵌套劳动明显提高了劳动强度，却又没有同时提高收入，加油工何以同意这样的劳动安排？换言之，管理者是如何缔造加油工对于"加油-推销"嵌套劳动的共识的？我们将在接下来的论述中进一步分析。

七　嵌套劳动的共识生产

（一）嵌套劳动共识问题的提出

在上文中，我们详细介绍了加油工的劳动过程。加油工采用班组制、倒班制的生产组织方式，超时劳动成为常态。在劳动过程中，加油工执行"加油-推销"的嵌套劳动模式。其中，企业对加油劳动采取高度标准化、程序化的控制方式；而在推销劳动中，企业则给予加油工充分的自由发挥空间。在薪资结构方面，推销得到的计件工资（提成）是加油工增加收入的主要方式，但真正能够靠推销提高收入的加油工为数不多。嵌套劳动使加油工的劳动强度倍增，但其劳动收益明显倾斜。通过嵌套式的推销，企业的非油品收入快速增长，但加油工的收入未见明显提高。更加引人注意的是，加油工的工资收入与劳动强度呈现明显的不协调。数据表明，受调查加油工中，从事嵌套劳动的"推销组"加油工的工资收入，反而要低于只从事单一加油劳动的"不推销组"加油工。

当我们回看加油工的工资计算公式"工资总额 = 基本工资 + 绩效工资 + 计件工资"时，可以发现，"推销组"加油工的工资种类比"不推销组"加油工多了一项，即计件工资。但是，"推销组"加油工的工资收入反而更低。那么，唯一合理的解释就是，"不推销组"加油工的另外两项工资收入——基本工资和绩效工资，要高于"推销组"加油工。

如前所述，基本工资和绩效工资都具有较强的保障性质。一方面，基本工资几乎是不变的，只根据岗位、工龄和职级进行微小的调整；另一方面，虽然各加油站企业的绩效工资计算方式不同，但只要加油站完成了公司分派的劳动任务，绩效工资依然具有"旱涝保收"的性质。因此基本可以把绩效工资视为保障性工资的一部分。那么，不能拿到计件工资的"不推销组"加油工的工资，为何反而高于能拿到计件工资的"推销组"加油工呢？

我们假设，在没有执行嵌套式推销的加油站中，所有加油工的工资总额为 W。由于没有嵌套式推销带来的计件工资，相同的岗位拿到的工资是基本稳定且均等的，即，W 具有保障性。我们再设，加油站的工资总额中的保障性部分为 S。那么此时有：

$$W = S$$

而当这个加油站开始执行嵌套式推销时，我们设其工资总额为 Wt。为了激励加油工推销，Wt 被公司分为两个部分，一是保障性部分，设为 ΔS；另一部分是激励性部分，即计件工资（提成），设为 ΔI。那么，此时加油工的工资总额可以用如下公式表示：

$$Wt = \Delta S + \Delta I$$

如果企业在推行嵌套式推销的过程中，没有降低员工的保障性工资，则：

$$\Delta S = S$$

那么，由于 $\Delta I \geqslant 0$，则必然有：

$$Wt = \Delta S + \Delta I \geqslant S$$

$$\therefore \quad Wt \geqslant W$$

然而调查数据却显示，"推销组"加油工的工资反而低于"不推销组"加油工。同时，考虑到每座加油站内部的劳动安排是一致的，即，在一座加油站之内，不可能存在有的人推销、有的人不推销的情况。那么，如果推广嵌套式推销的加油站的工资，总体上要低于没有推广嵌套式推销的加油站，那么只能说明，加油站在推广嵌套式推销之后：

$$Wt < W$$

那么，也就可以推知：

$$\Delta S + \Delta I < S$$

而又由于 $\Delta I \geqslant 0$，则必然有：

$$\Delta S < S$$

在这里，不难发现企业对加油工工资做出的特殊安排。即，在那些开展了嵌套式推销的加油站中，企业将一部分的保障性工资拿出来，作为加油工进行"推销赶工游戏"[①]的"赏金"。"赏金"当然是不具备保障性质的，所以，企业为了不支付更多的工资成本，就必然要降低加油工的保障

---

① "赶工游戏"是美国社会学家 M. 布若维在其名著《制造同意》中提出的概念，用以描述操作工为了完成资方设置的计件任务，努力开展生产，并形成了你追我赶的游戏氛围。布若维提出，这种游戏氛围具有相当程度的意识形态作用，主宰了车间里的文化氛围，使操作工积极地与资方合作，努力完成工作任务，成为自我加码的"帮凶"。

性工资，即 $\Delta S < S$。换句话说，一部分保障性工资被转移成为激励性工资 ΔI；而计件激励工资 ΔI 的存在，则是以降低保障性工资为代价的。

同时，数据还显示，不同加油工之间的计件工资差异很大，能够拿到可观的激励工资的加油工并不多[①]。那么，我们可以大致推知企业对于加油工工资的调配思路。即，降低工资的保障性（$S \rightarrow \Delta S$），设置激励性工资 ΔI，用嵌套式推销让不同加油工的工资拉开差异。"打破大锅饭，各自求发展"，大家凭本事争取得到 ΔI，这样就充分调动了加油工的推销积极性。

然而，调查数据告诉我们，$Wt < W$。所以，企业在"打破大锅饭"的过程中，并没有支付更高的工资成本。换句话说，企业在鼓励加油工进行大量推销的额外劳动的同时，并没有付给他们更多的工资。只有少部分加油工拿到可观的计件工资 ΔI。他们拿到的超额工资，究其实质，是其余大部分加油工收入减少后（$S \rightarrow \Delta S$），以差别化的形式支付给他们的。

在美国社会学家布若维对机械工厂"赶工游戏"的研究中，"计件制"工资是企业激励员工开展"自我加压/加码"的关键因素。"多劳多得"[②]的薪资制度发挥了意识形态宰制作用，是提升工作自主性的最直接手段。但是，我们在调查加油工工资时，却发现 $Wt < W$。换句话说，加油工并未因为嵌套式推销而"多劳多得"。那么，加油工的工作主体性如何兑现？企业怎样制造加油工对于嵌套劳动的共识？

为回答这个问题，我们首先必须把握加油工群体的主体性特征。上文提到，加油工群体是年轻的外来务工人员。过往研究中，对于此类人群主体性特征的考察林林总总。概括地说，一是相比于有务农经历的老一代农民工[③]，他们乡土情结弱化，更加渴望在大城市扎根；二是相比于随遇而安

---

① 如前所述，有近一半（44.9%）的加油工表示，计件工资（提成）占其收入的总比例为15%及以下；计件工资达到总收入比例30%以上的加油工仅占总人数的23.65%。

② 当然在布若维的研究中，操作工对计件工资的追求也是有一定限度的，但总体上呈现"多劳多得"的态势，具体不再赘述。

③ 过往论述中，一般把1980年以前出生的农民工称为"老一代农民工"，将1980年后出生的称为"新生代农民工"。其定义方式参见王春光《新生代农民工城市融入进程及问题的社会学分析》，《青年探索》2010年第3期，第5~15页。

的老一代农民工，他们更加关注工作前景和工作的意义感①。这些特征，在 B市加油工身上也有明显体现，他们中的许多人刚来到城市不久，抱有远大 的梦想和强烈的城市化期待，客观上却存在能力不足的问题。他们渴望收 入的快速提升和阶层的跃迁，关注工作的前景和意义。那么，面对这样一 个群体的诉求，嵌套劳动的生产政体是如何回应的呢？

（二）嵌套劳动的共识生产机制

1. 植入共识的内部劳动市场

布若维在《制造同意》中提出，"内部劳动市场"是同意生产的主要机 制之一，是支撑"赶工游戏"的制度基础②。所谓内部劳动市场，即在一个 管理单位中，劳动在其中的定价和分配被一套管理规则和程序所支配③。内 部劳动市场是一个与外部劳动市场相对的概念，在这里，岗位晋升和工资 提高是其最主要的表现形式，是企业内部社会关系的组成部分。布若维认 为，内部劳动市场应被考虑为有助于促成掩饰和确保榨取剩余价值的意识 形态基础的方式。换言之，所谓内部劳动市场，就是以制度化的方式给员 工以升迁许诺，让员工看到努力工作后的升职加薪前景，从而选择配合资 方的管理和劳动组织体系。

调查中，我们在B市大多数加油站都看到了比较典型的内部劳动市场 的制度安排。大多数加油工是可以看到自己的升迁希望的。这种安排对于 加油工这个以青年外来务工人员为主的群体来说，无疑是充满着吸引 力的。

① 代表性研究有：李培林、田丰《中国新生代农民工：社会态度和行为选择》，《社会》2011 年第31卷第3期，第1~23页；清华大学社会学系"新生代农民工研究课题组"《困境与 行动——新生代农民工与"农民工生产体制"的碰撞》，载沈原主编《清华社会学评论》 （第六辑），北京：社会科学文献出版社，2013；黄斌欢《跳跃式换工——新生代农民工劳 动体制与就业策略》，载沈原主编《清华社会学评论》（第六辑），北京：社会科学文献出 版社，2013。

② 布若威：《制造同意》，李荣荣译，北京：商务印书馆，2008。

③ Doeringer, Perter B. & Piore, Michael J., *Internal Labor Markets and Manpower Analysis* (Lexington, Mass: D. C. Heath, 1971).

（1）加油工职级系统

以中石化、中石油、SQ 等为代表的许多公司都为加油工设置了职级系统。公司规定，加油工工作满一年，通过评级考试，即可取得一定的职级。加油工的职级一般分为初级工、中级工和高级工三等。取得职级将成为未来晋升为班组长和管理人员的重要前提。调查中，我们碰到 KT 加油站中的加油工正在迎考。我们观察到几位年轻人下班后，集体背诵复习资料。资料的内容主要是过往的考试题目和公司准备的"题库"。翻看这些资料里的题目可以发现，关于推销的内容占据了相当大的篇幅。加油工们仔细研读，努力理解，认真背诵，无形中已将关于推销的各种要求灌输到脑海中。以下，我们仅将几个有代表性的题目简单列举。

15. 促销话术"您看要大的还是小的"属于推销方式中的（　　　）。

A. 假设法

B. 直接法

C. 二择一法

D. 例证法

标准答案：C

125. 向顾客推介商品时要（　　　）。

A. 介绍商品的价格优势

B. 介绍商品的制造方式

C. 抓住商品的特点

D. 将商品的说明书给顾客

标准答案：C

8. （多选）每次给顾客做口头促销时（　　　）。

A. 建议一种或两种具体的商品

B. 给顾客推荐的商品越多，成功的机会越大

C. 不管顾客接受还是不接受，先将自己要讲的讲完

D. 要站在顾客的角度去考虑

标准答案：AD

在"高级工"的考试题中，我们还看到有许多开放性答案的论述题。其中，有一道占总分1/3比重的论述题，其题目是"论述顾客消费心理特征"。在其标准答案中，将顾客心理分为"求实、求名、求服务、求信誉"四种机制，并进行了深入的剖析，同时提出了推销的推测。

2. 论述题：论述顾客消费心理特征。（50分）

答：消费活动从根本上讲是满足消费需求的活动，消费需求是消费行为的根本动力。同时，消费需求受消费者自身的（受）教育程度、经历、爱好、性格等心理因素影响。从消费者的心理需要分析，其购买行为是由购买动机引起的。（10分）

消费者的购买动机主要有以下四种。

求实的心理。即（以）注重商品的使用价值为主的心理，要求商品质量优、有保证。（10分）

求名的心理。即追求名牌，名牌是一种为社会（大众）普遍认同的商品或服务。如司机愿意选择有（到）著名品牌石油公司的加油站消费。（10分）

求优质服务的心理。按照营销学产品整体概念，服务已成为产品的一个重要组成部分。人们在加油站购买油品的同时，更希望购买过程快捷、愉悦和满意。（10分）

求信誉的心理。对于加油站来讲，信誉主要体现在油品的数量、质量和服务上。为此，"质优＋量足"是加油站的信誉保证。（10分）

如果我们事先并不了解加油工"加油－推销"的嵌套劳动模式，那么我们看到这样的题目时一定感觉非常奇怪。难道作为一名加油工，还要事先具备营销学、消费心理学的知识才算合格？但是，当企业利益和加油工自身诉求在推销上形成某种共鸣，这些学习内容和制度安排的合理性就不言自明了。学习和研究推销技巧是加油工在内部劳动市场评级晋升的"必修课"。加油工要想在考试中取得高分，就需要对非油品推销有很深的理解和认识。整个过程中，加油工无论主动还是被动，都会在职级升迁梦想的裹挟下，把这些内容刻画在认知结构中。

（2）站内晋升通道

在员工评级系统的基础上，职务升迁通道也是向加油工敞开的。上文提到，一般的加油站都存在"加油工 - 主管 - 站长"的管理结构。在接受我们深度访谈的 10 位加油站站长中，有 9 位曾经从事过一线加油工作。这足以证明，加油站的内部劳动市场并不是"束之高阁"的组织典章，而是落实在现实之中的真实脚本。

正如布若维所说："你不能在玩游戏的同时，质疑游戏的规则。"[①] 员工进入企业内部劳动市场后，就必须在市场的规则下行动。访谈过程中，我们为此设计了一道题目："您是否有为了升职而努力工作的动力？"许多受访者在听到这个问题后的回答都很干脆利落，立即表示肯定。那么，想要顺利取得职级晋升，首先要努力通过上文提到的职级考试，其次就是要取得更好的劳动业绩。在这个过程中，做好嵌套劳动，多多推销非油品商品无疑是必须做到的。嵌套劳动的共识在学习和实践过程中不断强化，被植入加油工的主体意识之中而得以再生产。

这种站内升迁的另一个面向是，让所有加油工看到自己的阶层跃迁路径。对于他们来说，站长同样"出身草莽"。同样的外来务工人员的身份赋予加油工"黑手变头家"[②] 的想象空间。站长就是加油工的身边榜样，这种示范效应内嵌于而又超越于内部劳动市场制度安排。站长成为人格化的升职加薪预期，也成为人格化的阶层跃迁梦想。在访谈中，一位加油站站长的经历给我们留下了深刻的印象。

---

① 布若威：《制造同意》，李荣荣译，北京：商务印书馆，2008。
② "黑手变头家"用来比喻出身低微的"黑手"工人通过努力成为老板。引自谢国雄《黑手变头家——台湾制造业中的阶级流动》，《台湾社会研究季刊》1989 年第 2 期。

我16岁出来，现在是三十年了，我经历了二十来个加油站。（那是）前十来年，（那时候）消防啊、安监啊什么（的）各个方面都没有（像）现在（这样）这么多规则。（我）曾经遇到过着火。只有我们自己，就是有责任心嘛（注：在加油站救火是非常危险的）。怎么说呢？好像我们外地人出来，出来了他（就）当加油站是自己的一份事业。（XMY访谈录）

这位站长同样来自外地、出身农村，同样是年纪轻轻就到加油站打工。在访谈中他提到，现在加油工的工作条件已经比他那个时候好得多了，"那时候哪有这么先进，都是机械的（手动加油机）"。当时的工作是24小时一班，"两班两倒"，所以现在这些加油工的劳动强度"对我来讲一点都不大。跟我以前比，我觉得他们现在很轻松"（XMY访谈录）。当我们见到这位站长时，他开着价值几十万元的高档吉普车，戴着名贵手表，一身西装革履，看起来与"成功人士"无异。访谈中他还提到，在他的加油站刚刚开业时，新来的员工拒绝扫厕所，他就以身作则，拿起拖把自己干。

我也是睁一只眼闭一只眼，也不是说真那么斤斤计较。我自己洗厕所洗了接近一个月，现在他们才行。（XMY访谈录）

站长以身作则，加油工何不"效命"？可以说，站长一方面成为加油工羡慕的对象，另一方面成为内部劳动市场的榜样和指向。我们认为，站长同时是三种人格化的象征：第一，站长象征着一位普通加油工的未来和梦想，是理想的人格化；第二，站长象征着加油工的奋斗和升迁，是成长路径的人格化；第三，站长作为管理者，是站内事务的最高执行长官，也是加油站管理规章的人格化象征，是体制的人格化。因此，加油工一旦对站长的榜样效应产生认同，听从站长安排，服从站长指挥，那么他也就客观上服从了加油站的生产政体安排。

如前文所述，企业的各项销售任务和管理制度，都会在站长层面进行全面的细化和分解，站长还掌握着制度的解释权和自由裁量权。在这个过程中，站长发挥了将管理制度和生产政体人格化的作用。一句"听我的没错"或"我也是这么过来的"显然要比《员工须知》或《纪律手册》更有用。由此，加油工对站长的认同，就无形中转化为对制度的认同，进而演化为对整个嵌套劳动生产政体的认同。对于任何一位员工来说，领导的意志和话语无疑是"游戏规则"的重要组成部分。而在某种程度上，制度的人格化（站长是制度"在场"的一种象征）往往会把制度的规训作用进一步放大。站长的榜样带头作用，是加油站内部劳动市场的重要组成部分，企业通过制度安排，不仅在概念上植入了关于嵌套劳动的共识，也在加油工身边树立了现实的榜样。可以说，加油站内部劳动市场通过培训、学习、评级考试奠定了共识的意识形态基础，又通过切实可见的升迁途径，将这种意识形态牢牢凝固在加油工身边。

2. "再技术化"：劳动自主性的回归

在以往的劳工研究中，"去技术化"是一个受到广泛关注的问题。有学者提出，"去技术化"是现代劳动的一个重要趋势[①]，从手工作坊到流水线工厂，从师徒面授技艺到跨国指挥生产，除少数高级技工外，大多数劳工引以为傲的知识和技能被从生产环节抽走。劳动过程演变为不需要思考的简单操作。大量研究证明，这种趋势使劳工丧失了荣誉感和自我效能感，迷失了工作的方向，并极大地伤害了劳工的劳动自主性。

汤普森在《英国工人阶级的形成》中指出，早期工人的斗争并非只为更高的工资和更好的福利，还有很大一部分是为了争取工作的自主权和成就感，这关乎劳动者的尊严。Leidner 在 *Fast food*，*Fast talk* 中也提出，在低技术化的服务业劳动中，资方抹去了劳动者的自主性，只有在那些需要与顾客进行深度沟通的"高技术化"服务业劳动中，劳动者的自主性才得以体现，并更加趋向于把自身利益与资方利益协调起来。[②]

---

① 哈利·布雷弗曼：《劳动与垄断资本：二十世纪中劳动的退化》，方生译，北京：商务印书馆，1978。

② Leidner Robin，*Fast Food*，*Fast Talk*（Berkeley：vniversity of California Press，1993）．

在田野调查中，我们经常听到加油工说加油是"没什么技术含量的体力活"（STZ访谈录）。加油劳动的单调、乏味是直观可见的，企业对加油劳动的机械化、标准化控制基本与工厂对流水线劳动的控制无异。相比之下，加油工普遍认为，非油品推销的劳动内容更受大家认可。当然，现场调查中并没有加油工用"富有技术含量"来形容推销劳动。人们对于"技术"的固有印象似乎更趋向掌握一门手艺，而不是与人打交道和动脑筋的能力。访谈过程中，加油工更多地这样形容推销劳动：

> 销售这一块，我觉得是非常锻炼人的一个地方，也让我学到了好多销售技巧的一些东西。（XL访谈录）

一些加油工认为，非油品推销让他得到了很多的锻炼，提升了口才和交流能力。

> 锻炼人，比如说你不爱说话，你每天（你）遇见这么多人，你肯定会学着会去跟他们沟通，但是慢慢（地），你的口才、你的交流能力肯定会提升的。（HDY访谈录）

可见，加油工认为，推销是一种个人能力，这种能力是需要通过不断的学习和锻炼才能掌握的。有学者指出，布若维笔下的工人主动"赶工"的一个很重要的原因是向别人展示自己的能力[1]。我们也认为，嵌套劳动将推销嵌入加油的简单劳动，让没有任何技术门槛的加油劳动变成了充分体现"个人能力"的复杂过程。这个过程实现了劳动的"再技术化"，是工人主动参与推销"赶工游戏"的重要机制。

由于进行了推销劳动，加油工不再认为自己的工作只是"没什么技术

---

[1] 郑广怀、孙慧、万向东：《从"赶工游戏"到"老板游戏"——非正式就业中的劳动控制》，《社会学研究》2015年第30卷第3期，第170～195、245页。

含量的体力活"（STZ 访谈录）。或者说，通过嵌套劳动的安排，他们不再认为自己是一个单纯的体力劳动者，不再是一个加油机的附庸和延伸。嵌套进加油劳动的非油品推销过程，使加油工的工作内容从单纯的体力劳动，升级为体力、脑力、情感劳动的多重复合。推销超越了简单体力劳动的范畴，它给加油工带来了自主性和成就感。这种转变，不是单纯的加油劳动能够赋予的。在现场观察中，我们可以清楚地看到加油工们完成一次成功推销后的喜悦感，他们跑到前台"记账"时，是充满尊严、充满自豪的。在结算或通报销量时，我们也看到大家对"成功者"的肯定和赞许。其中的成就感无疑是单纯从事加油劳动所无法获得的。因此，嵌套劳动使加油工从乏味单调的机械化重复中抽离，使"去技术化"的劳动过程变得"再技术化"①。嵌套劳动让劳动自主性回归，进而有效增进了劳资双方的共识。

3. 舆论氛围的营造：推销"赶工游戏"

在行业协会的会刊《SD 石油》② 上，我们看到了这样的报道：

> MXY 加油站刚开业时，便利店每日的销售只有几百元，再加上周围人群稀少（人流量小），商品根本卖不出去……ZY 按照公司的要求，主动带领大家仔细琢磨顾客心理，创（营）造合适的营销氛围，使开口营销对心思、合人意。
>
> "你不说，顾客肯定不会主动买，你说了，就会增加购买机会，哪怕一百个人有一个购买了你的东西，你就成功了。"ZY 说。

布若维在《制造同意》中描述了围绕超额生产的车间文化在车间互动中的支配性地位，在这种文化氛围的影响下，连布若维这位坚定的马克思

---

① 本书并无提出一个"再技术化"的新概念的想法。这里的修辞只是为了更加贴切地形容嵌套劳动的劳动安排给工人带来的影响。

② 《SD 石油》属于 B 市加油站行业内部交流资料，不对外公开发行，"准印证"编号为：2018 - L0108 号。这里节选的内容来自其 2019 年第 6 期，总第 95 期，其中第 26 页的文章《阳光心态　高效执行》。

主义者都主动参与到"赶工游戏"的自我剥削中①。在加油站，我们也看到了这种意识营造对劳动自主性的重要影响。我们在加油站的微信群中，看到站长几乎每天都会公开表扬推销业绩较好的加油工。

> @二班：通过大家的共同努力，（在）周一车少的情况下现场非油（品）销量再创新高，突破七千（元）大关，又一次超额完成目标任务。王某某在"鲁花"（花生油）销售上很厉害，抓住了网约车这个消费群体。（摘自SQ加油站微信群留言）

站长希望通过这种表扬，在加油站内形成一种崇尚推销的氛围。同时，企业也会通过其内部宣传网络，推广非油品推销的经验，给员工营造非油品推销业务"大有可为"的氛围。一些推销能手的故事，会通过宣传媒介在企业内部广为流传。例如上文提到，在加油工岗前培训上，老师讲述的"宝山金凤凰"和"月销白酒十万（元）"的事迹，无不引起员工的向往。这种氛围，加之计件工资的"诱导"和劳动监督的"鞭策"，加油工们自觉地加入了这场布若威所谓的"你追我赶掩饰了共同的阶级属性和与资方的阶级差异"的推销"赶工游戏"②。访谈中，许多加油工表现出对这场游戏的浓厚兴趣和积极态度。有时，加油工积极的程度甚至让我们这些观察者感到惊讶。

> 我也很佩服有的人，你比方说，（我）给顾客推销水，搞活动，顾客不要。突然间这个人来了，又跟顾客推销，顾客就要了。有的时候（我）也在跟其他人学习，也在看着他们怎么去卖，为什么我没有推销出去，他（能）推销出去？这个感觉是很有乐趣的。（HDY访谈录）

---

① 布若威：《制造同意》，李荣荣译，北京：商务印书馆，2008。
② 布若威：《制造同意》，李荣荣译，北京：商务印书馆，2008，第50页。

一位站长将这种竞赛归结为"攀比心"。

> 因为这有个攀比心，我发工资都得让他们自己知道，为什么你这么少？你下个月（你）这么少，（你）就没好意思在这边干了。（问：他们之间不会产生矛盾吗？就说啊，你怎么比我挣得多？）人家卖得多，你平时怎么干活，这个他们自己知道。自己心里有数。（XMY访谈录）

这种氛围甚至延续到工作之外，延伸到加油工的生活和人际关系中。一位站长表示，加油工会与自己关系好的同事分享推销经验。他作为站长，也会致力于把分享经验的范围扩大。

> 你比方，我们俩好，我们俩自己分享。你们俩好之外，我（站长）还要鼓励，就是我们这两个人在你这个组要分享，你们组还要选出个更优秀的来，在我这个油站要分享。反正大家老在不断地学习些经验和技巧，所以销量才能从几十万（元）到上千万（元）。（STZ访谈录）

同时，企业还为非油品推销塑造了一套相对完整的意识形态，并将加油工推销过程中遇到的种种问题建构为"只要坚持就能克服的困难"。在某央企的核心刊物上，提出推销非油品要坚持"三心二意"。

> 如何打消这部分顾客的疑虑？这就需要终端销售的管理部门和加油站员工在"三心二意"上下功夫。
> 信心。一些长期从事油品销售的石油终端管理机构（县/市级公司）和加油站员工认为，几十年来加油站就是卖油品，现在还要卖什么非油品，多此一举，尤其是一些条件差、人手少的加油站，对非油品业务甚至是抵触反感，失去了信心。
> 针对这样的思想要及时进行教育，使其有一个正确（的）认识。在加油站开展非油品销售业务实际上是很多国家非常成功和成熟的经

验，国外一些加油站的非油品（销售）收入甚至超过了油品销售收入，加油站已成为司机购物的首选之地。加油站销售非油品是有效利用加油站场地搞油品以外的商品销售，不但可以增加企业销售收入，增强企业盈利能力，更（还）是提高员工收入的有效途径……

耐心。销售非油品需要耐心。我们面对的是纷繁复杂（各种各样）的消费群体，消费者在不同的情绪下做出的反应也不尽相同，这就要求我们的加油员要有耐心。对情绪好的顾客要尽量做到有礼有节地耐心推介非油品，力求成功。对听到推介就表示推诿的顾客，要举止端庄地搞好服务工作，给对方留下好印象，力求下次推介成功。对一些情绪不好、听到推介就表示反感的顾客，也不要生气，要灵活地调整话题，多做一些温馨的问候，彰显你的宽宏大度，期待下次有好的结果。不管面对什么样的顾客，我们都要摆正姿态，只有足够耐心才能成功。

细心。加油站员工要学会观察顾客，不同的顾客对非油品的需求是不同的。看到骑摩托车、农民打扮的顾客，可推介小瓶燃油宝和农民时常需要的啤酒、香烟、饼干、毛巾之类的生活用品。看（开）宝马、奔驰、奥迪等高档轿车加油（的司机），就主动推介燃油宝、土特产、汽服产品和茅台等高档产品。

善意。一部分顾客对加油员推介非油品不理解，总认为是为了得好处才这样热心，其实，这部分顾客在认识上存在一个误区。加油站销售非油品不仅给加油员带来了好处，也极大地方便了顾客，为其提供了更加便捷的购物场所，这就需要加油员向顾客多做善意的宣传。

留意。由于加油站所处的位置不同，对所销售的非油品也有着不同的要求。这就需要加油站留意观察顾客对非油品的需求和反应，根据顾客的需求和地理位置灵活摆放商品……（摘自某央企核心刊物上的《非油品销售要在"三心二意"上下功夫》）

可见，企业围绕推销劳动，已经建立了从宣传材料、操作技巧上升至思想信念的意识形态。访谈中我们还了解到，很多企业甚至还设置了专职的推销培训师和培训课程，构成了一套从理论到制度、从思维到实践的闭环体系。

> "过去，我们只懂得加油，销售过程中张不开口，开口不知道说啥。"这是一直困扰加油站员工的老大难问题。为了改变这一不利局面，ZZ 石油分公司……让加油站员工利用休息时间轮流到培训站点接受"专业讲师"的面授指导，使员工逐渐成长为销售能手①。

在某种程度上，这种意识形态已经具备了工具意义。企业再将这种意识形态寓于加油劳动的操作过程当中，就使加油工达成了对嵌套劳动生产体制的共识。虽然在实际调查中可以观察到，加油工推销非油品的效果并不好。有加油工表示，50% 以上的顾客会直接拒绝沟通，对加油工视而不见，甚至有的顾客"张嘴就骂你"（XL 访谈录）。同时，大多数加油工也并未因推销非油品而实现收入的明显增长。但企业舆论氛围的营造无疑是非常成功的，加油工们普遍对非油品推销的"神话"深信不疑，认为推销是快速提高他们收入和地位的可行途径，并积极付诸实践。

4. 同事网络：共识的传播和再强化

在崇尚推销的舆论氛围下，加油工之间不仅互相攀比、互相竞赛，还会将好的经验分享给自己的朋友。这就使崇尚推销的舆论氛围延伸到了工作场所之外，延伸到加油工的社会网络。已有研究表明，组织文化可以通过员工的招募和人员流动得到巩固②，并通过组织内部的互动实现再社会化③。在对加油工的研究中，我们也看到这种先赋因素在共识传播方面发挥了重要

---

① 曲绍楠：《十年辛苦不寻常》，《中国石油石化》2018 年第 20 期，第 26～31 页。

② Wanous J. P. ，Poland T. D. ，Premack S. L. ，Davis K. S. ，"The Effects of Met Expectations on Newcomer Attitudes and Behaviors：a Review and Meta-Analysis," *The Journal of Applied Psychology* 77，1992.

③ Edgav H. Schein, *Organizational Culture and Leadership*（Jossey Bass，1988）.

作用，推销竞赛的意识形态也在加油工的内部互动中实现了再生产。

上文已经提到，大量加油工是通过关系网络入职的。在劳动现场，我们也看到了关系网络在巩固嵌套劳动共识中的实际运作机制。在员工入职培训时，原先的亲戚、朋友等介绍人就责无旁贷地起到了"师傅"的作用。

瞿某刚来加油站的时候，特别害羞，连嘴都张不开，更别说"开口营销"了。我们就一句句地教，一遍遍地引导，一段时间下来，他自己都觉得开口没那么难了①。

介绍他来的（人），肯定跟他有一定的关系，很多问题可能都会处理。因为有人跟他来了，（他们俩）可能就在时时地沟通。可能就说，光靠管理者去跟他沟通，我（站长）就做不到，不可能把所有的环节都给（他）讲到。甚至会觉得都是一起的，我就不好意思。你能干我干不了，就不会有这种状况，而单独来一个人，就会有这个问题。（STZ访谈录）

可见，加油工入职时带入的亲戚、朋友等，是传播共识的重要途径。首先，由于大家是亲戚、朋友，老加油工会主动把工作要求、心得体会传递给新员工，并及时帮助新员工解决问题。对于张不开口的加油工，或者受到顾客冷落就灰心的加油工，老加油工会及时给予鼓励和开导。其次，由于大家可能来自同一个地方、同一个家族、同一个学校，那么，如果别人能干，自己不能干，别人推销能赚钱，自己做不到，无疑就会给加油工的自我认知带来影响。访谈中还遇到许多这样的情况，夫妻二人都来加油站应聘，并被安排在相邻不远的两座加油站上班②。夫妻二人的保障性工资几乎都一样，唯一不同的就是推销的计件工资。为此，夫妻之间甚至会进行家庭内部的"赶工游戏"。

---

① 方晨：《"第二件商品半价"》，《中国石油石化》2014年第20期，第66~67页。
② 根据公司规定，夫妻双方不允许在同一座加油站工作。

同时，加油站管理者很可能也是关系网络中的一个节点。此时关系网络就会发挥纵向灌输共识的作用，并对员工的不满或抗争进行约束。一个典型的事例是，加油站站长 XMY 表示，站里有四位加油工，是他从南方老家带来的"子弟兵"，为了帮助他们，XMY 甚至表示"不能只让他们赚死工资"，借给他们钱让他们"入点股份"。

　　　　每个人都有，没钱的我给他垫钱。基本上都是家里条件，也不是很好，然后出来上班。我们南方那边没地没田（应该是很少）。一毕业了就得出来，第一（是）上工厂打工，第二就是出来混。然后就（到）加油行业。我们既然把他们大老远地从老家带来工作，我们不可能让他们只领一份工资，每个员工我们都给他股份。有钱你拿钱，没钱就是我给你垫资。这就看个人感情。（XMY 访谈录）

　　可见，由于先赋社会关系的存在，站长从一个单纯的管理者，转变为"子弟兵"们的庇护者。XMY 表示，这四位加油工是站里的核心工人，其他员工来来去去，他们四位永远不会走。虽然平时工作已经很辛苦了，但他们还经常主动加班。"他在家睡一觉 12 小时，剩下 12 小时也没地方走，他也得来，对不对？所以他是骨干，有责任心的人。"（XMY 访谈录）在这里我们可以看到，社会网络已经转化为经济关系，甚至部分转化为了人身依附关系。由于这些关系的存在，加油工把站里的事务当成了自己的事业，其对生产体制的认同，已经达到了忠诚和执着的地步。

（三）加油工"极度商品化"的劳动观念

　　综上，嵌套劳动的共识生产有四个主要机制：植入共识的内部劳动市场、劳动的再技术化、企业舆论氛围的营造和同事网络的传播强化。嵌套劳动给加油工带来了几个明显的后果，即劳动收益明显倾斜、劳动强度明显提升，以及劳动强度与收益失调。至此，我们已逐渐理清了加油工嵌套劳动的整套安排。

当我们回溯以往的劳工研究，不难总结出其中一个核心议题，即，社会是否能够限制劳动商品化的趋势，是否能够抵挡市场规则的侵略，防止劳动者自我物化。马克思曾经指出，资本主义有三种占有工人剩余价值的机制，即劳动过程的资本主义性质、工资形式以及商品形式带来的拜物教①。其中，"工资形式"的作用根植于工人的经验，它被建构为对实际劳动的购买。在以往关于互动性服务业的研究中，已有许多学者提出，雇主也根据被雇佣者的有效劳动成果数量——如实际销售业绩——来付薪②。这些薪资制度设计的目的在于以最有效且成本最低的方式将抽象的劳动力转变为具体的劳动。有论者在关于网络主播的研究中发现，劳动的"极度商品化"是平台经济劳动控制的观念基础之一，让网络主播放弃了劳动的保障性，并认为劳动力必须转换为雇主的利益才有价值③。同样，我们发现在诸多意识形态因素的共同宰制下，加油工也产生了"极度商品化"的劳动观念，其主要特征有以下两点。

第一，加油工对自身权益的忽视。由于劳动收益被建构为自我经营的产物，加油工部分地放弃了推销的保障性收入。在我们考察加油工的工资收入时，可以清楚地看到这一点。"推销组"的保障性收入更低，加油工想要提高收入，全靠推销得到的计件工资。在推销的"赶工游戏"下，薪资的宰制作用被放大到极致，加油工已在自我加码的同时，逐渐丧失"自为"的意识和能力。

第二，加油工认为只有"有效劳动"才是真实劳动，即只有达成交易的推销活动才值得被赋薪。而能够实现成功的推销被建构为加油工"自身能力"和"自身素质"的体现，使加油工产生了强烈的"命运自主"的理念，将推销劳动视为自己的事业。在加油工的劳动过程中，推销发生在

---

① 《资本论》（第一卷），郭大力、王亚南译，北京：人民出版社，1963。

② 蓝佩嘉：《销售女体，女体劳动：百货专柜化妆品女售货员的身体劳动》，《台湾社会学研究》1998 年第 2 期，第 47～81 页。

③ 徐林枫、张恒宇：《"人气游戏"：网络直播行业的薪资制度与劳动控制》，《社会》2019 年第 39 卷第 4 期，第 61～83 页。

"加油等待时间"。但是，如果我们思考这些时间的性质，就不难发现，这些劳动间歇时间（也就是加油工的加油等待时间）原本是可供劳动者稍作休息和调整的时间。这部分时间原本是属于加油工的，可供加油工支配和使用的。然而，资方发掘了这部分时间的潜在价值，在其中嵌套了新的劳动内容，并以制度化的生产体制安排，要求加油工完成这些任务。而加油工不但没有反抗，反而乐得其所，将资方安排的劳动内容建构为"自己的事业"。不得不说，企业通过一系列生产政体安排和意识形态宣传，已经把生产的动力巧妙地转化为加油工的"自我加压"。

综上，我们在本章中详细介绍了 B 市加油工的劳动过程。我们聚焦于加油工"加油－推销"的嵌套式劳动过程，提出了嵌套劳动的概念，并列举了当今服务行业中广泛存在的嵌套劳动现象。进而，我们分析了嵌套劳动存在的必要条件，分析了其为加油工带来的后果。其后，我们又分析了嵌套劳动的共识生产机制。检视加油工的嵌套劳动，我们不难看到新自由主义工作伦理和市场逻辑的明显烙印。加油工产生了"极度商品化"的劳动观念，忽视了对保障的诉求。嵌套劳动的共识机制并没有阻挡市场规则的侵入，反而加速了劳动商品化的趋势。

第四章 "做服务"：加油工劳动中的话语与霸权

上一章中，我们提出了"嵌套劳动"的概念，并介绍了其共识生产机制和控制后果。资方之所以能够推动加油工参与到推销的赶工游戏中，主要凭借的是薪酬体制、内部劳动市场、舆论氛围营造等一系列的制度化和非制度化手段。这些讨论主要围绕劳资关系的维度展开，但不容忽视的是，加油工作为服务业从业者，其与顾客的互动构成了其劳动过程的重要维度。因此，在本章，我们将把目光转向加油站内的"劳客关系"，分析"做服务"作为加油站行业的一种意识形态是如何被建构、传播，并为加油工所灵活运用的。

在加油站，劳动的"服务"属性是一种普遍被接受的认知，"服务至上，顾客第一"是被广泛认可的理念。这种理念的传播根源于市场竞争的加剧，也反映了国内服务行业的整体变迁，与我国产业结构调整和市场化程度加深有着直接关系。加油工作为服务理念的践行者，常常经受与顾客直接互动带来的压力与摩擦。我们在访谈中发现，加油工时常受到顾客出于各种各样理由的为难，甚至辱骂或殴打。"我们是做服务的"，作为加油工面对顾客为难时不断忍耐、让步的理由，类似的话语在访谈中不断出现。这句话蕴含的意味是复杂的，有光荣，有辛酸，有愤怒，也有无奈。我们看到，加油工与顾客的关系充满张力。同时，这句话也映射出管理者霸权对加油工思想的深刻影响。因此，本章围绕"做服务"这一加油工的核心话语展开讨论，对加油站的"劳–资–客"三方关系的运作机制进行剖析，尝试探讨如下问题：服务的理念在加油站行业如何产生，以及如何形塑加油工与顾客之间的关系；加油工如何从心理上应对顾客的为难，如何从情绪上处理与顾客之间关系的张力；加油站行业管理者如何管理加油工的服务行为和服务质量，从而形成了怎样的管理体制。

一 服务理念与不平等关系的生产

（一）市场化改革与服务意涵的历史演变

本书第一章曾对加油站行业的历史沿革进行了细致梳理。为了解我国主要石油企业关于"服务"的经营策略及管理模式的历史变化，我们进一步搜索了主要石油企业自 20 世纪 90 年代末以来在相关期刊上发表的文章。这些期刊包括《石油化工管理干部学院学报》《当代石油石化》《石油库与加油站》《中国石油和化工标准与质量》等。在这些期刊上发表文章的作者多为中石油、中石化及其下属公司的领导干部或研究者。通过这些文章，我们可以一窥主要石油企业经营管理思想的历史演变。

在前市场化时代，石化企业的产、供、销皆由国家把控。在这一阶段，重生产、轻销售是石化企业经营的主要特征。石化企业往往存在"皇帝女儿不愁嫁"的心理和"居高临下对待顾客"的态度[①]。自 20 世纪 90 年代开始，石化企业逐步走上市场化道路，市场中买方的角色越来越受到重视，企业开始将市场营销提上议程。这一阶段，许多经营者呼吁石化企业要建立适应市场经济需要的管理体制，特别是国有企业要有"危机感"，"应该放下架子……由过去的'人求我'变为现在的'我求人'"[②]。这一阶段的市场营销，主要关注经营者、价格和产品三个因素，主要竞争策略包括降低成本、争取价格优势、注重产品质量、打造名牌战略、增加广告宣传、培养专业的销售人员等。虽然石化企业已将服务质量纳入关注范畴，但是

---

① 郭中桢：《关于石化企业搞好产品服务的思考》，《石油化工管理干部学院学报》1998 年第 2 期，第 39~41 页。

② 刘大纶：《试论买方市场条件下国有企业市场营销三因素》，《石油化工管理干部学院学报》1999 年第 4 期，第 43~47 页。

这一阶段对于服务的讨论依然是以产品为核心。服务质量仅仅被认为是石化企业核心竞争力的一小部分。在一篇21世纪初期研究石化企业核心竞争力的评测指标的文章中，"产品/服务的美誉度"是31个评测指标中唯——个涉及服务的指标①。提升服务水平对于员工的要求也主要在于增强员工的"知识技能"和"敬业精神"②。

2005年左右，随着国内成品油市场对外资放开，国内石化企业面临的市场竞争加剧，服务作为一种竞争策略逐步被经营者提上日程。在这一阶段，我国服务业整体日趋繁荣，石油企业经营者意识到，各个行业都在给顾客提供"前所未有的热情礼遇"③。同时，由于产品高度"同质化"，石化企业意识到仅仅依靠产品质量和品牌宣传不足以在市场中占据优势地位，因此转而强调维系客户关系、提升客户忠诚度。这种意识的转变在某种程度上是管理者学习美国管理学和营销学思想的结果。例如，哈佛大学商学院赫斯克特教授提出的"服务利润链理论"被当作服务营销的主要理论依据。服务利润链理论的核心思想在于："利润和回报的增长来自忠诚的顾客，顾客忠诚又来源于顾客满意，顾客满意受到感知的服务价值的影响，而服务价值是由那些对企业满意的、工作投入的员工创造的。"④简而言之，企业认为顾客满意来自员工的投入，而顾客满意最终会贡献于企业利润的增长。

在这一阶段，国内石化企业开始由"销售导向型"向"服务导向型"转变。销售导向型企业重视具体的产品，售前售后的服务仅仅是一种围绕产品进行的销售行为。与传统营销不同，服务导向型企业营销行为的核心

① 卢怀宝：《石油服务企业核心竞争力评价》，《大庆石油学院学报》2003年第27卷第2期，第75~78页。
② 南剑飞、张明泉、熊志坚：《加油站顾客满意度测评研究》，《国际石油经济》2004年第27卷第2期，第56~59页。
③ 陈清：《试析提升企业客户忠诚度的意义及途径》，《石油化工管理干部学院学报》2005年第1期，第41~43页。
④ 宋春林：《加油站"顾客满意"竞争策略案例研究》，《石油化工管理干部学院学报》2012年第12卷第2期，第62~65页。

在于顾客，而不在于产品本身。它强调的是"消费者在享受企业通过产品所提供服务的全过程感受"①。基于这一管理思想，顾客在心理、意识、情感层面对企业的反馈，包括舒适感、信任感、愉悦等，受到了企业前所未有的重视。"以客户为中心"，"竭力"满足客户需求，建立与客户"情感上的联系"，高度重视客户投诉，并"督促员工积极接受和共同处理投诉"②等管理思想和策略逐渐在各个公司实施。

相应地，石化企业对员工的管理重心也发生了转变。管理者提出在全体员工之中形成服务营销文化，要求全体员工的日常工作以客户需求为导向，让员工认识到服务的价值、形成服务意识等管理理念③；企业要逐渐建立起配套的监督体系和顾客投诉处理体系，将顾客的满意度作为评价员工绩效的关键指标④。例如，中石化自 2009 年开始动员全体员工"为公司提升服务能力和水平献计献策"，印制《营销服务理念 营销礼仪常识小手册》等宣传物。时至今日，各大石油企业对于服务营销理念在员工中的宣传和教育已实现制度化，并建立起了完善的员工监督管理和顾客投诉制度。在接下来的几小节中，我们将对此进行详细论述。

（二）服务理念和行为的制度化

如第三章所述，2001 年前后，中石油、中石化分别推出"加油十三部曲"和"加油八步法"来规范加油工的工作流程。这些标准化的工作流程不仅仅规定了加油工的基本行为，更规范着他们面对顾客的态度和动作细节。"礼貌"一词自始至终贯穿着加油工作的流程，礼貌的细节则表现在加油工的身体姿态和用语上。例如，加油工被要求在迎接顾客的到来时，要同时保持"面带微笑"和"双眼注视"；在开启车门时要"右手后背""微

① 吴元友：《高速公路加油站服务营销探析》，《当代经济》2006 年第 7 期，第 18～19 页。
② 吴元友：《高速公路加油站服务营销探析》，《当代经济》2006 年第 7 期，第 18～19 页。
③ 孙玉荣：《中国石化化工销售服务营销战略探析》，《石油化工管理干部学院学报》2010 年第 12 卷第 4 期，第 76～79 页。
④ 宋春林：《加油站"顾客满意"竞争策略案例研究》，《石油化工管理干部学院学报》2012 年第 14 卷第 2 期，第 62～65 页。

微弯腰"；在付款时，要"将找零双手送到顾客手中"；等等。在与顾客交流方面，加油工需要"文明用语"，包括"您好，欢迎光临""谢谢""再见，欢迎再次光临"等。甚至在顾客自己打开或盖上油箱盖时，也要对顾客表达感谢。这些行为和用语规范绝不仅仅是书面文章，更是员工需要切身遵守的行为准则。我们在访谈某国营加油站时，在加油站后面的员工休闲活动区碰巧观察到了这样一幕：一位年龄稍大的加油工在指导两位年轻加油工练习这些行为准则，年轻的加油工们不断举起手臂，做出迎候顾客的动作，年长的加油工则在帮助两位同事调整手臂举起的角度和站立的姿势。

2011年，商务部在公开征求社会意见的基础上，出台了《加油站服务技术规范》（SB/T 10591）行业标准①。《加油站服务技术规范》由中石化起草，其中不仅对加油工的主要业务内容——加油操作——进行了规范，还对其仪表仪容、服务语言、形体特征进行了详细规定。这些条文与中石油"加油十三部曲"中对于礼貌用语和身体姿态的规定相吻合，但同时提出了更为详细的要求。例如，"员工站姿要正直平稳，不倚靠墙、柱、加油机等；不双手插兜、抱肩、拢袖"；"员工坐姿端正，不前俯后仰，不东倒西歪，不摇腿跷脚"；"员工引车动作认真、精神饱满，不单手、单指指点驾驶员"；等等。此外，《加油站服务技术规范》在第五节"加油站服务"的第一小节就提出了对于加油工仪容仪表的要求，包括"员工不染怪发，不戴墨镜，不留长指甲；男性员工头发不过耳、不蓄胡须，无大鬓角；女性员工长发束起，不化浓妆，不涂彩甲，饰物适当"；"帽子戴端正，衣裤拉链到位，纽扣锁住，皮带束紧，不卷袖口、裤腿，不穿拖鞋、高跟鞋、带钉鞋"；等等。

---

① 《加油站服务技术规范》，全国标准信息公共服务平台，http://std. samr. gov. cn/hb/search/stdHBDetailed？id＝8B1827F1F516BB19E05397BE0A0AB44A，最后访问日期：2021年9月17日；《商务部关于征求对〈加油站服务技术规范〉行业标准意见的通知》，http://www. mofcom. gov. cn/aarticle/b/g/200901/20090105993855. html，最后访问日期：2021年9月17日。

《加油站服务技术规范》象征着国家权威对加油工服务态度和行为的期待和规制。各大石油企业纷纷效仿中石化"加油八步法"和中石油"加油十三部曲"，并依此制定本企业相应的服务规程，其服务行为得到了进一步的规范。至此，石油企业对于加油工的规训得以制度化，企业对于加油工服务态度和行为事无巨细的约束成为整个行业一致认可的管理方式。

（三）顾客－员工不平等及冲突的产生

虽然石化企业对于加油工的服务行为和服务态度进行了详细的规定，却仍然难以帮助加油工规避在与形形色色的顾客打交道过程中产生的摩擦与不悦。根据我们的调查，88.94%的加油工曾经在工作过程中与顾客发生过不愉快（见图4-1）。

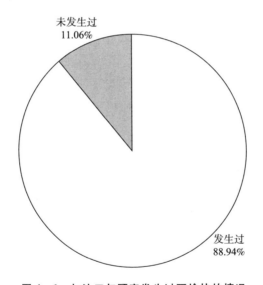

图4-1 加油工与顾客发生过不愉快的情况

资料来源：2018年B市加油工社会调查。

在加油站，顾客与加油工之间的摩擦有其社会根源，是多重社会矛盾的产物。首先，大多数的冲突源自繁忙的都市生活与密集的车流量给司机带来的焦虑感。B市人口众多、机动车保有量大，给加油站带来了大量的工作和负载。对于位于交通要道或居民区的加油站来说，早晚高峰期车流量巨大，顾客有时需要排队等待 10～15 分钟才能完成加油。对于行色匆匆的上班族来说，10 分钟的等待足以使其产生焦虑或急躁情绪。多个受访加油工表示曾经被顾客指责过"动作太慢"，而诸如此类的摩擦往往以加油工的沉默忍让收场。在某些情况下，由于排队带来的矛盾也会升级为顾客和加油工的争吵，最终导致加油工受到顾客的投诉及公司的惩罚。以下访谈内容展现了某加油站站长向我们讲述的顾客抱怨加油太慢，从而引发顾客和员工冲突的案例。

> 车有时候非常多。有时候员工在这边加油，或者是在那边收钱。有的客人，他很着急，说"快点啊，怎么这么慢"，他就下车了，没等个二三十秒，他就着急了。很多这种客户，也会因为这个打电话投诉。他一着急，员工也没法还口，就是有时候不给他笑脸，他就不乐意了，说："你这态度怎么这么恶劣？"然后他就投诉到公司，说某个员工服务不好。公司那边马上就反馈给我，我就得找出那个人问。
>
> 有个年轻人嘛，大概三十岁，开个本田，排在队伍里。LS（注：该站某加油工）指挥车，叫他到另一台加油机前面来，因为一个加油机可以前面一个车子后面一个车子同时加油，（这样）可以快一点。那个年轻人就不愿意挪车，然后，LS 就不是很着急给他加。然后那个年轻人挺来气，就骂骂咧咧的，骂爹骂娘的。然后 LS 就不乐意了："你骂谁呢？"俩人就这样冲撞起来了。那个年轻的后来就拿了一瓶玻璃水往 LS 那边砸，把 LS 给砸倒了。（XMY 访谈录）

其次，顾客与加油工的冲突有时也源于顾客对于石油资本（加油站企业）的不信任。作为加油站的代言人，加油工最直接地与顾客接触，在与顾客发生冲突时，加油工也首当其冲。在我们的访谈中，多个加油站站长和加油工表示曾经遇到过被顾客怀疑"作假"的情况。例如，当加油机屏幕上显示的加油数量与车辆仪表盘显示的数量不一致时，顾客会怀疑加油站给加油机做了手脚导致"缺斤少两"；或者当加油工频繁扣动加油枪时，有的顾客怀疑加油工在"偷油"，也就是，将油箱中的油倒吸回加油机当中。根据一位加油站站长的解释，这些怀疑通常是顾客缺乏加油机和车辆的相关专业知识而导致的误解。例如，针对加油工"频繁捏枪"的问题，这位站长解释道：

> 加油泵启动了之后，自吸泵（它）可能没有完全地运转起来。加油枪（它）有自封装置，空气没有排完的时候是加不出来油的……但是（加油工）这样砰砰砰（地捏几下），接下来枪还没出油，其实（加油机）字没蹦，但顾客就以为你在搞什么猫腻。（YPC 访谈录）

这种不信任与误解的直接结果便是顾客对加油工的质疑，很容易引发双方之间的摩擦和冲突。一位加油工向我们讲述了如下经历：

> 有一次加油，就是因为捏枪的时候，不知道是误报了还是怎么的，顾客下来说我偷他油了，少给他加油了。他下来就骂我。我当时就解释，我说我给你检查，如果不行的话（可以）去计量、监督部门等公正的地方，不行可以找我们领导。他觉得不行，"我就得骂你"……他说（他）黑白两道都有人，说谁说（他）都不听，他让派出所的人把我抓走。（RSS 访谈录）

最后，由于加油站是城市安防的重点关注对象，政府监管部门对其经营范围存在一些管制。这些管制有时会给顾客带来一定程度的不便，而顾客只能将不满发泄在规章制度的直接执行者，也就是加油工身上。例如，一位站长表示，加油站在某一段时期出现的与客户的不愉快情况主要是由于政府对于出售散装汽油的限制。该加油站位于农村的某国道上，附近居民常常需要散装油品给农用机器加油。在限制出售散装油的政策出台后，农户需要到派出所开具证明才可以向加油站购买散装油。加油工按照规定必须向顾客说明需要开具证明的政策要求，并有责任拒绝无证加散装油的顾客。许多顾客对此项制度表示不满，由此产生的矛盾比比皆是（第五章中对此会有详细介绍）。这位站长解释了为何政策改变带来顾客与加油工之间的不愉快。

> 有的人（他）不愿意去（开证明）；有的可能赶到晚上了，着急用油，派出所那边又没人了，也开不了了；或者人家着急说"我车坏了"，因为我们到派出所还有两公里的距离，村民骑个小三轮车，人家不愿意来来回回跑那一趟。但是我们的加油工按照政策规定，没有派出所证明就是没办法给他们加油，有的人就很生气，骂骂咧咧的，说几句不好听的才走。（YPC访谈录）

由此可见，都市生活带来的焦虑，公众对企业的不信任，以及公众对政策变化的不满，三者交织在一起，投射在加油工与顾客的互动过程当中。加油工在站长的监督、公司的管理、政策的规定三重规制下工作，同时需要应对顾客的焦虑、不满、无礼带来的情绪冲击。由于从事服务性质的工作，加油工被要求只能向顾客展现正面情绪，在与顾客产生摩擦时，也只能隐藏自己的不悦和委屈。"宽容退让"是加油工处理与顾客关系时通用的一种情绪策略。正如一位加油工所说："在这个行业你就必须要宽容忍让，不忍让是干不了这个的。"（ZXY访谈录）我们可以通过霍赫希尔德[1]所阐释的"情感劳动"来理解加油工的这种情绪状态，即服务业人员必须将自己的真实感受让位于管理者制定的情感规则，从而为被服务者营造出特定的情绪环境。在本章的第二部分和第三部分，我们将分析石油企业对于加油工服务思想和行为的规制，并剖析在制度规训下，加油工与站长共同生产出的应对与顾客之间冲突的心理及情绪策略。

---

[1] Hochschild, A. R., *The Managed Heart: Commercialization of Human Feeling* (Univisity of California Press, 2012).

二 霸权体制与站长的"家长式"管理模式

布若维提出，生产政体可以划分为两个类型——专制政体和霸权政体[1]。加油站针对服务的管理体制可以说是这两种类型的混合。一方面，既有专制化的监督与控制，主要通过全景视频监控、"神秘顾客"、投诉系统三个制度安排来达成。本书第三章已经对加油站的劳动监督制度进行了详细描述，本章便不再赘述。另一方面，也有霸权政体的特征，即通过柔性的管理方式获得加油工对于权力关系和意识形态的同意，从而实现管理和控制。在分析加油站的霸权体制时，我们借鉴"关系霸权"这一概念[2]。"关系霸权"认为社会关系的建构及运作对于意识形态的传达及工人共识形成起到至关重要的作用。为了阐释加油工对于服务理念的认同，我们强调加油站站长的"家长"角色，并由此分析塑造站长角色的制度因素，以及作为"家长"的站长对加油工在情绪和心理上的规训。

如前所述，加油工通常面临来自顾客与公司的双重压力。首先，在消费主义文化以及整个服务业"顾客至上"理念的影响下，顾客对于加油工缺乏应有的尊重。同时，企业对加油工的日常工作实行严密的专制控制，并且推行极为倾向于顾客利益的客户投诉制度。被投诉的员工要为客户投诉承担责任，甚至遭受经济上的惩罚。根据访谈内容，在部分加油站，约百分之六七十的新入职员工难以接受这一行业的服务理念及顾客的粗鲁对待，在试用期结束之前便离开加油站另谋生计（STZ 访谈录）。但同时，加油工只要能够度过入职前几个月的困难时期，留在加油站工作，就常常能够长期留在加油站工作。随着劳动力市场日益繁荣，进城务工人员的就业

① Burawoy, M., *The Politics of Production*：Factory Regimes under Capitalism and Socialism（London：Verso, 1985）, p. 193.

② 周潇：《关系霸权：对建筑工地劳动过程的一项田野研究》，硕士学位论文，清华大学，2007。沈原：《市场、阶级与社会：转型社会学的关键议题》，北京：社会科学文献出版社，2007。

选择更加丰富，加油站只是众多选择之一，许多加油工在来到加油站之前也从事过各种各样的工作（详见图2-20）。那么在这种制度环境下，这些员工是如何接受加油站行业的服务理念以及与顾客之间的不对等关系，并长期在加油站工作的呢？我们认为，标准化的行为规范和依赖于监督和惩罚的专制体制固然能够在某种程度上规制员工的行为，却难以处理不平等关系给加油工带来的心理及情感伤害，难以说服他们接受服务理念并长期坚持在加油岗位。因此，我们必须注意到管理体制中的"霸权"成分，或者说柔性的、意识形态层面的管理方式。我们看到，企业以加油站站长为媒介，向加油工传达"顾客至上"的意识形态，并借助站长与加油工之间独特的"家长式"的管理关系（同时包含亲密和权力等级两种成分的关系）达成对加油工行为的规训，获得加油工对于服务理念的认同。

在诸多加油站，站长对于加油工来说不仅仅是简单的管理者，更是形象复杂的、兼具威严与慈爱的家长。固然，站长承担着传达和实施公司的管理规则且直接监督员工的责任。根据问卷调查，91.36%的员工认为加油站管理人员"严格"和"非常严格"（见图4-2）。然而，站长又不仅仅是公司的代理人，他们更像是一个"缓冲阀"，居于公司与加油工之间，帮助加油工缓解由公司制度带来的压力，并抵挡来自无礼顾客的情绪冲击。

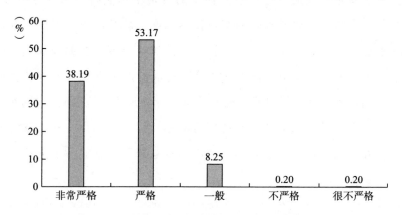

图4-2 加油站员工对管理人员严格程度的评价

资料来源：2018年B市加油工社会调查。

那么为何在加油站会形成此种家长式的管理关系吗？我们认为，这种关系生长于石化企业与加油站的组织制度环境。加油站的制度安排，包括集体宿舍制度、倒班制度，以及加油站的组织结构塑造了站长的家长式形象、站长与员工之间的亲密关系，以及员工对站长的信任和认同。

（一）集体宿舍："家长式"管理的空间基础

根据调查，B市加油站的工作人员，包括加油工和站长，超过60.0%为非本市户籍。73.3%的加油工表示其公司提供了免费的集体宿舍（见图2-22），65.23%的加油工表示其平时住在集体宿舍。同时，超过半数（57.81%）的加油站站长也居住在集体宿舍（见图2-24）。集体宿舍通常坐落在加油站周边的居民区，加油站工作人员步行即可从住处到达工作地点。无论站长或员工都可居住在集体宿舍，居住条件差异不大。居住在集体宿舍为加油工极大地节省了生活开支，同时，集体生活也为加油工提供了情感上的支撑。在访谈中，一位加油工表达了他对加油站的归属感：

> 在咱们这个站感觉特别温暖，尤其我们外地人来这边，我（在这边）也没有亲戚，也没有朋友。我们拿这儿都当家。（XW访谈录）

集体生活空间与频繁的人际往来为塑造站长的家长形象提供了独特的机会。一方面，工作和生活场域的重合使站长与加油工的工作关系与生活关系重合，产生超越简单权力关系的亲密关系。例如，有些站长表示，当发现某位员工心情不好时，会关切员工是否家里出了什么事；有些站长会与员工一同庆祝节日，请员工一起吃饭；有些站长虽然在B市有自己的住所但仍然主动选择与员工一同住在集体宿舍，以便更好地与员工沟通。

> 我们有集体宿舍，我就住在站上，一个月就休两天假，其他时间我都跟他们在一块。下班以后我们也可以聊工作的事，有什么问题都可以跟我说……在总体培训后，我经常根据每个人的特点再给他单独

培训。到办公室也好，或者是一块吃饭的时候，会私下聊这些事。我把我能接触到的，能学到的东西，能理解到的东西，都教给他们，和他们进行讨论。（YJJ访谈录）

另一方面，员工与站长共同居住也造就了加油工工作空间与生活空间的模糊化，使员工24小时生活在站长的权力辐射之下。许多公司规定，站长不仅需要负责加油站的生产秩序，也要负责集体宿舍的生活秩序，例如卫生检查、安全检查等。在许多加油站，站长甚至管理着员工的日常生活方式。例如，一位国有企业下属加油站的站长会要求员工在闲暇时间晨跑、读书，还会举办读书分享会，要求员工轮流分享读书心得。这位站长解释了如此要求员工的原因。

> 闲暇时间（如果）管不好，员工工作的状态（就）不行。如果整天在做一些没有意义的事，如果全都玩游戏去了，（那么）整个团队都会受影响。我会特意地给员工在闲暇时间安排一些工作。比如说，原来我要求他们早点起来跑操、搞卫生，现在就是推荐两本书，你看看书，或者你要上网上找一些非油销售的、服务的好点子，跟大家分享一下。或者我们有自己的企业看台，类似报纸，会登一些员工的感想、感受，或者是报道各个单位的事件。我会让大家写这些东西。（STZ访谈录）

站长对员工生活方式的管理也为服务理念的传播提供了便利条件。站长不仅能够在工作中规训员工，也在日常点滴生活中对员工的行为进行管理，对其思想形成潜移默化的影响。即便不在工作场域，员工也被要求通过读书、分享来理解、消化和传播与服务有关的思维方式和行为规范。

（二）倒班制度：家长式管理的时间基础

上文提到，在工作时间的安排上，加油站通常实行倒班制度，包括

"四班三倒"、"三班两倒"、"长白班"和"长夜班"等（详见图 3 - 2）。无论实行何种倒班制度，加油工基本上都没有双休日。例如，在采用"三班两倒"制的加油站，员工需要连续工作 12 小时，之后休息 24 小时，紧接着开始另一个 12 小时的工作。对于加油工来说，请假或调休是一件麻烦事。他们不仅要征得站长的同意，还要与同事协商，请其他加油工为自己"替班"。

倒班制度下的工作时间结构与常见的"作五休二"有明显不同。它意味着加油工的休闲时间难以与不从事这一行业的家人或朋友重合。即使是在同一行业内，不同的倒班制度和轮次也会导致两位加油工的工作休闲时间难以重合。因此，加油工很难找到大段时间回家探亲，或者在自己休假的时候与朋友聚一聚。加之加油工多来自外地，他们在 B 市的社会关系本就非常有限，这样的时间结构使他们更难拓展自己的社交圈。数据显示，超过一半（59.95%）的加油工表示他们与家人相见的频率是"一年几次"或"一年 1 次或更少"（见图 2 - 34）。

这种工作时间安排的结果便是，许多加油工最大限度地将自己的日常生活融入工作场域，他们的社会关系也主要局限在加油站内部。倒班制度与集体宿舍制度相结合，同时在时间和空间维度上使加油站站长与员工之间的交往更为密切，为站长家长式的管理模式提供了制度土壤。

（三）组织结构与升迁模式：作为职业范本的"家长"

在石油公司的人事管理体系当中，由加油站到企业内部的晋升通道是近乎封闭的。加油工的升迁路径往往局限于加油站内，或者加油站之间的平行调动。一个加油工的常规升迁路径是：加油工—班组长—主管人员—站长。对于一位加油工来说，成为站长是非常困难的，因为加油工的工作内容和技能都比较单一，但站长却需要许多能力，例如管理、营销、财会、沟通协调、矛盾调解，以及与政府部门打交道等。一位员工从加油工成长为站长往往需要经历十年左右的时间。一般情况下，站长就是加油工职业路径的天花板，因为从加油站到公司内部几乎没有晋升通道。一位国有石油企业加油站站长告诉我们，在他在这家企业工作的八年当中，他只听说过一位站长成功晋升，到公司任职，成为副科长级的职员。

在这样的升迁模式下，加油工将站长视为工作上的榜样，并十分信任、依赖站长。一位加油工向我们讲述了他在日常工作中向站长学习的状态。

> 你要有想法，要有口才，（要知道）怎么营造这个油站，怎么带领这个油站把业绩往上提……不管是公司的检查，还是政府部门的检查，或者是街道、片区民警的安全检查，你要学会怎么去应对，怎么去处理事情……主要跟着站长学，在他们处理什么事的时候，多在一边看着点。（设想）假如说这个事自己遇见了怎么处理，自己能不能解决问题。（HDY访谈录）

更重要的是，在石化企业的组织管理体系下，站长在日常的管理工作中拥有一定的自由裁量权。诚然，站长必须遵守公司的管理要求，保证员工的工作符合规定，并应对来自公司领导的监督和检查。但是，站长也有一定的权力自主安排站内的具体事务，公司也鼓励站长在管理方式上大胆创新。这样的制度安排为站长提供了一定的自主裁决空间，允许他们采用更为灵活和人性化的方式管理员工，维护站内人际关系的平衡。因此，站长可以扮演员工的保护者的角色，往往能够在员工面对无礼顾客的挑衅和公司惩罚时对员工加以保护，包括帮员工出头，给员工以资金补偿，等等。在访谈中，许多站长表示，当员工受到无理取闹的顾客的骚扰时，他们会站出来帮助员工与顾客理论。例如，一位站长表示：

> 虽然我是油站经理，也要服务顾客，但是他们欺负我们员工太无理的时候，我也不会答应。以前我当主管的时候，就有当地的两个人，都非常悍，指着我的收银员就骂，骂得非常难听。当时我就不愿意了，我不会让顾客太轻松，我不会责怪我们员工。（LY访谈录）

当员工由于顾客投诉而受到公司的惩罚时，如果站长认为员工被冤枉了，他们就会在自己的职权范围内对员工进行补偿。例如，一位站长表示：

> 比如说你犯错误，跟客户发生争执了，我肯定到会提前跟你沟通好了，哪怕我要罚你钱，我也会提前跟你讲好了，不会说不通知你直接就劈头盖脸地批评你、惩罚你。而且我可能在这罚你了，在别的地方我再想办法奖给你，就是尽量让你找到平衡。（STZ 访谈录）

我们提出"家长式"的管理关系这一概念，一方面强调的是管理者的威严，另一方面强调的是管理者对被管理者的保护。这一关系建立在管理者与被管理者的亲密关系基础上。工作与生活空间的重合与他们在时间上的频繁接触，同为外来务工者的相似身份背景，以及站长作为职业榜样的力量，在加油站的站长与员工之间催发出相互信任和依赖的关系。站长对于员工的保护倾向不仅仅是一种管理策略，更是建立在站长与员工之间的亲密与信赖关系上的自然结果。这说明了为何站长有保护员工的意愿。同时，站长在某种程度上也有保护员工的能力。石化公司的管理结构决定了加油站站长对站内事务有一定的自主裁决权，有能力帮助员工应对来自顾客的情绪冲击和有处理来自公司的经济惩罚的灵活空间。

站长的家长式角色为其监督员工行为、传达公司意志提供了便利。如前所述，由于站长与员工频繁接触，他们在工作和生活过程中有诸多教育、影响员工的机会。同时，基于站长在员工面前值得信赖、有处事经验的形象，其对员工的教导更有说服力。在访谈中，当加油工谈论起对服务和顾客的看法时，类似于"我们站长说过"的话语频繁出现。在第三部分，我们将阐述加油工在面对与顾客冲突时的心理及情绪策略。我们认为，这些策略是站长与员工共同生产的，站长的话语能够使员工信服并积极运用，在某种程度上要归因于站长孜孜不倦的劝说和引导以及员工对站长的话术的信赖。石化公司通过站长对于员工的家长式管理关系传达有关服务的意识形态，制造员工对服务话语的同意，构成了公司管理的霸权体制。

三 应对冲突的心理策略及其对员工的塑造

（一）"宽容忍让"：情绪的职业化

情绪的职业化意味着去人格化，即以职业要求来控制自己的感受和情绪，甚至转变自己的行为习惯和价值观。对于加油工这一职业来说，某些性格特征被普遍认为是更加符合职业要求的。例如，"圆滑"或"世故"是站长形容经验丰富、工作能力强的加油工时经常提到的词语，而"内向"或"耿直"则常常与"新手"相提并论（XMY、RSS访谈录）。许多站长或者老员工表示，无礼的顾客对于新员工来说是更难以接受的，因为新员工们"还没形成容忍的能力"（LY访谈录）。由此看来，"容忍"被视为一种需要被培养的职业能力。"容忍"通常被看作加油工解决与顾客冲突的最主要方式。如一些加油工所述，表现出不悦和委屈只能"使矛盾升级"，宽容忍让才是处理矛盾的正确方式。

在问卷调查中，我们询问加油工："您认为顾客对加油站员工足够尊重吗？"调查结果显示，有42.61%的加油工认为顾客对加油站工作人员"一般尊重"，有19.27%的加油工选择了"不太尊重"这一选项，有5.79%的加油工选择了"非常不尊重"这一选项（见图4-3）。即便加油工意识到顾客对自己及同事并不十分尊重，他们也表示不会与顾客"回嘴"或"呛声"，因为其职业要求决定了他们不能与顾客争论，以免使矛盾升级。正如如下访谈所述：

> 顾客对加油工有时候是忒没礼貌，我们也挺头疼。但是我们也只能是他说他的，骂就骂他的，我们不能吱声。我们要吱声回他的话，他就会说"你骂谁呢"。你跟他对着骂，那就没头了。而且错误都在我们身上，就是我们没有理，永远都是没有理……因为我们是服务行业，所以顾客是上帝，他不对也是对的。就是你就不要跟他力争这理的问

题。（ZXY 访谈录）

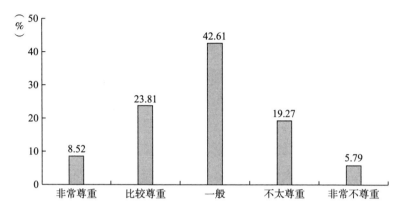

图 4 - 3　加油工认为顾客对加油站工作人员的尊重情况
资料来源：2018 年 B 市加油工社会调查。

　　在问卷调查中，我们对加油工对于服务这一概念的理解进行了测量。我们将初步访谈中频繁出现的一些有关服务的表述编辑成选项，询问所有被调查者对于这些表述的同意程度。调查显示，分别有 16.46% 和 31.59% 的加油工表示"完全同意"和"比较同意""无理取闹的顾客很多"，分别有 14.19% 和 26.39% 的加油工表示"完全同意"和"比较同意""许多顾客是带着情绪来加油的"。尽管如此，还有 1/3 多的加油工表示"完全同意"和"比较同意""顾客永远是对的"这一陈述。有 73.06% 的加油工表示"完全同意"和"比较同意""包容忍让态度不好的顾客是加油工职责的一部分"。仅有不到 1/3 的加油工"完全同意"和"比较同意""加油工面对顾客的刁难应该据理力争"（见图 4 - 4）。这些数据与我们在访谈中得到的基本印象一致。尽管加油工并不完全认同"顾客永远是对的"这一老生常谈的服务理念，但是他们还是会选择对顾客做出让步和妥协。因此，我们认为"宽容忍让"是加油工平息冲突的一种情绪策略，是长期职业化训练的结果。在下文，我们将论述"习惯就好"，或者长期的经历和训练是如何使加油工对冲突习以为常的。

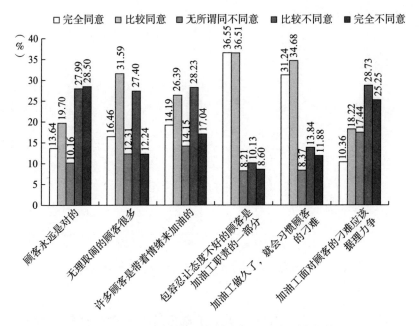

图4-4　加油工对于一些服务相关的说法的态度

资料来源：2018年B市加油工社会调查。

（二）"习惯就好"：冲突的常规化

面对与顾客的摩擦，加油工常说的一句话是——"习惯就好"，它所表达的是加油工为了调整心态、维持工作状态而自我劝导或互相劝导的方式，但也是一种面对困境的无奈和妥协。如果说"宽容忍让"是加油工遇到不公平对待时，指向自身的一种内化策略，那么"习惯就好"的话语则将这些问题在个体或集体的层面上加以合理化。它的潜台词是，这些问题的发生是不可避免的，加油工无须抗争，只能慢慢适应。所谓的"习惯"，一方面来自与顾客高频率的接触，另一方面来自在加油岗位的长时间磨炼。这两点在对加油工的访谈中有频繁体现。尤其是在交通要道或繁华社区，车流量通常很大，位于这些地段的加油站往往业务繁忙。在一些加油站，加油工表示每天服务的车辆达两千至三千辆，而每天与上千位顾客接触"难免遇到磕磕碰碰"。加油工们经常用"林子大了，什么鸟都有"这一句俗语来表达这一道理。

> 因为我们每天能加两三千辆车（的油），相当于你一天要遇见两三千个人，这个数量就大了，因为每个人和每个人的性格都不一样。比如说，有的人来了，你说："你好，加多少？"跟他说话他就爱答不理的。"加满吗？""加满。"再问"92 还是 95？"他就感觉不耐烦了，他就感觉你话多，问的太多了……有的人也是脾气不太好，或者性格不太好，你跟他说话，他不理你，他也会喊你吼你，甚至有的人会因为一些小的问题会去投诉你，都会有。（HDY 访谈录）

> 加油站面向社会各种各样的人，什么人都有，专门来挑事儿的人也有，心情不顺了就到加油站来，就想撒个气的也有……他带着气来了，那你也没办法，遇到的多了你就习惯了。（YPC 访谈录）

在问卷调查中，有 65.92% 的加油工表示"完全同意"和"比较同意""加油工做久了，就会习惯顾客的刁难"（见图 4-4）。一种常见的说法是，新来的员工往往容易"情绪化"，而老员工则能够不带情绪地去处理与顾客之间的摩擦。例如：

> 刚开始你碰到第一个或许你接受不了，时间长了，每天接触这么多人，碰到嗓门大的也很正常，我们也能理解。（XW 访谈录）

调查发现，加油工的"习惯"并不是一个自然而然的适应过程，而在很大程度上是刻意训练的结果。所有加油站都会将处理与顾客的矛盾当作加油工日常培训的重要内容。在一些加油站，站长会在一天的工作开始之前的"班前会"上，对近期发生的冲突案例进行讨论。例如，一位民营加油站的站长在访谈中表示，他将过往发生的冲突事件编撰成"案例库"，将案例进行归因并分类（包括顾客抱怨加油速度、油品质量、服务态度等类别），并针对每个类别设计了应对策略，要求员工学习和掌握应对这些问题的话术和办法。在将情绪和技能进行策略化表达的同时，站长鼓励员工将所遭遇的不愉快看作一种提升工作能力的机会。

> 怎么去圆滑一点处理问题是一种能力。遇到这种事不是什么坏事，这是给你提高处理问题能力的一个平台。不可能说一个员工在加油站一干（就）干一辈子，每个员工都有自己发展的空间。你在加油站会遇到这种情况，在我这个单位岗位提升了，或者说你有更好的发展去其他单位，你同样会遇到类似的情况。所以这就是你学经验的时候。加油站车多人多人杂，三教九流都有……经过这么复杂的一个环境，你把每个矛盾都处理得很好，那说明一个什么问题？说明你的综合语言沟通能力提高了。这是在给你锻炼的一个平台，你不要把它当成一个压力来看待。（YJJ访谈录）

的确，这些行为策略对于员工处理由顾客不满带来的摩擦是行之有效的。但是值得注意的是，这些理性化策略也是对于个体感受和情绪的掩盖甚至剥离。员工面对无礼顾客的直接感受不再是其粗鲁语言给自己带来的不悦，而是条件反射式地思考管理者设计好的策略脚本，以及对于个人情绪的麻木化处理。例如，当我们在访谈中询问一位加油工"面对一些不友善的顾客你有什么感受"时，这位加油工回答："没有什么感受，就是去想怎么处理呗。"当我们问及"这些不友善的顾客，会令您感到不高兴、不开心吗？"我们得到的回答是："也不会。因为每天接触这么多人，他要都不友善，你每天不就完了。不能说不开心，我们工作就开开心心工作，开开心心下班。不能因为一点小的情绪就影响心情。"（XZ访谈录）。

此外，公司通过设置"委屈奖"的方式对加油工的忍让给予正面反馈。"委屈奖"可以看作加油工在受到顾客非难后，公司给予员工的补偿。但是能够得到补偿的加油工一般要受到较为严重的伤害。例如，一位加油工在被顾客打伤之后收到了公司2000元的"委屈奖"奖金。而在一般情况下，加油工是无法得到补偿的。

> 我们的"委屈奖"一般公司给，就比如说年底了或者是半年了，会把一些事，咱们报到公司，公司统一来评一下。或者甚至事儿确实比较大，有可能自己受委屈了，但为公司争得了很大的荣誉，（公司）可（能）会专门设一个，就是公司级的大奖。（STZ访谈录）

将冲突编撰为案例并进行日常学习的过程，以及公司对于受委屈者的补偿，是公司、站长和员工集体将冲突"常规化"和"内化"的过程。由于员工在入职培训和日常例会中接触到关于各种突发状况的预警，他们在遇到类似冲突时并不会感到震惊，而是默认为这是工作的一部分。当站长和员工达成应对粗鲁无礼的顾客是这个工作的主要职责之一的共识之后，员工便很难产生对顾客与员工之间不平等关系的质疑或是反抗。

（三）"换位思考"：不平等关系的再生产

在面对与顾客的冲突时，加油工调节心理状态的另一种方式是"换位思考"，即加油工运用同理心，想象自己作为顾客参与到其他服务场景当中，从而设身处地去体会顾客的处境和情绪。如下三段访谈分别来自一位站长、一位加油工和一位公司管理者。

> 咱们的整体环境就是这样的，所有的服务行业都存在这个问题。咱们去其他地方，比如去商场，或者去咖啡店，有的时候顾客可能会说不好听的，会有很嚣张的时候。但是当看到对方服务很真诚的时候，比如微笑服务，那太嚣张的顾客一般情况下，除了极个别情况以外，就不会太好意思去闹太凶，就觉得人家这个小伙子都这么说了，再闹感觉自个儿的品位或素质就下去了。也就是说，咱们做服务的，先把自个儿这边做好。（YJJ访谈录）

做服务的，不管哪个行业都是一样的。有时候感觉咱们是服务别人的，但是（比如）咱们也出去吃饭，想一想心理平衡了……比如说去饭店，上菜慢了我也想说服务员几句。其实都是一个道理，像加油一样的，必须以最快的速度服务好顾客，你半天不去，肯定顾客会喊你的，不能因为一点小事儿（就）产生矛盾。（RSS访谈录）

这对中国社会来讲都是一个普遍现象，只要你是为我服务的，我就得摆出那个谱儿，我就得对你态度那什么一点，不光是因为加油工（他）是个弱势群体。咱们到医院看病，大夫现在也挺怕这帮病人的，是吧？（SY访谈录）

可以看出，这三位受访者皆表达了一种"存在即合理"的思想，即当前中国社会已然存在顾客与服务人员之间的不平等关系，那么服务者就应当顺应这样的社会结构，认识到自己的社会位置，并服从这一位置相对应的行为准则。社会位置不是固定的，而是随着场景转变的。当一个人成为消费者时，他便有权利居高临下地对待服务者。相应地，当他转换成服务者的身份时，便有义务遵循"顾客至上"的法则。

诚然，"换位思考"对于员工来说是一种自我安慰和情绪排解，或者说"寻求心理平衡"的方式。然而，这一思维方式背后是一种服务人员必须竭尽所能使顾客满意的意识形态，以及默认的顾客与服务人员之间的不平等关系。鼓励员工去"理解"顾客，也就意味着承认顾客有权因为个人原因向员工表达无理由的不满，以及服务者有责任宽容体谅顾客，从自身出发来规避矛盾的产生。这种"换位思考"的观念实际上是对这种不对等权力关系的进一步合法化和再生产。它会使服务业从业者的工作环境持续恶化，因为当服务人员在工作中受到来自粗鲁无礼的顾客的不公平对待时，他们可能转而将心中的不忿和委屈发泄到其他岗位的服务人员身上，从而造成服务行业内部生态的恶性循环。这一道理存在大量的例证，比如：

有的顾客有那种我花钱了，我可以骂你，但是你不能骂我，就这种概念。有的顾客也是做服务行业的，比如他跑滴滴或者跑营运车辆。但是他说，虽然我也是做服务行业，但是现在我是来花钱的，我是被服务对象。所以我可以骂你们，你们不能骂我，人家就直接这么说。（YJJ访谈录）

改革开放以来，服务业作为第三产业的主要组成部分，在我国经济增长和社会建设过程中发挥着日益重要的作用。2018年，我国服务业对GDP增长的贡献率高达59.7%，高出第二产业23.6个百分点。2018年底，服务业从业人数约有3.6亿人，占总就业人数的比重约为46.3%，成为我国吸纳就业最多的产业[①]。而B市作为国内核心大都市，其服务业占比已超过八成[②]。伴随经济结构改变而来的是社会意识形态及社会文化的转变。随着市场化的不断推进，"服务"的意涵及身份主体发生了极大转变。就石化产业来讲，企业与顾客的关系由改革开放初期的企业"居高临下对待顾客"转变为"以客户为中心"，"竭力"满足客户需求。而直接践行这一转变并承担其后果的便是直接面对顾客的加油工。石化企业通过强硬的规则和监控来规训加油工的行为，同时通过站长这一"上传下达"的角色来软化员工，帮助加油工适应和接受"顾客至上"的意识形态，并生产出"宽容忍让""习惯就好""换位思考"等思维方式和情绪策略。然而，这些情绪策略并不是无害的。我们认为，这些策略不利于加油工正常的情绪表达，在某种程度上会影响加油工的心理健康，并且是对顾客–服务者不平等关系的强化。

不仅仅是在加油站，在许多其他的服务部门，我们都能观察到类似的情景。例如，2019年1月，一篇有关贵州高速公路收费站收费员的媒体报

① 《从业者约3.6亿人，中国经济第一大产业浮出水面》，搜狐网，http://www.sohu.com/a/328847162_100272654，最后访问日期：2021年9月17日。

② 因匿名需要，此处不注明来源。

道吸引了广泛的社会关注。报道中，一位女收费员在无端受到司机的大声呵斥之后，转身擦掉眼泪，并"坚持微笑服务"。与之类似，中石化下属某公司在一篇自媒体文章列举了加油工曾经经历过的不公对待，包括顾客无端的辱骂、殴打等，并在最后号召大家向所有的加油工致敬。固然，新闻报道中的收费员与自媒体文章中的加油工的职业表现令人敬佩，但是管理者将服务者的妥协退让和忍辱负重"歌颂"成一种"义"，可谓对服务者的委屈、不满的浪漫化，以及对服务的意识形态的强化。我们亟须做的不是歌颂服务者的敬业与奉献，也不是谴责某些居高临下的顾客，而是应当看到服务者所面临的心理及情绪困境，并反思其中透露的社会不公以及造成这一不对等关系的社会环境。在我国，收入和财富分配作为影响社会平等的原因已经得到广泛关注，但是就职业如何造成身份地位的差异、影响社会互动模式，进而影响行动者的心理状态，似乎还缺乏足够的社会讨论。在实践中，我们每个人作为消费者都应当反思的问题是：在我们面对服务者时，是否会产生高人一等的心理状态，是否会期待服务者无条件地令自己满意。这些期待往往是消费主义文化潜移默化影响的结果。服务者的"低声下气"亦非其职责所在，而是国家、企业管理者、社会公众共同规训的结果。社会应当做的，便是改变"顾客至上"的服务理念和思维方式，真正塑造顾客与服务者之间的平等关系。

本章的研究同样具有重要的理论意义。国内劳工社会学领域已有大量文献研究工厂体制下工人的劳动过程及主观感受，而面对服务业劳动者的劳动过程研究却存在一定空白。不同于工厂工人，服务业劳动者的主要生产对象是消费者，其生产资料包括了劳动者自身，产品则包括通过劳动者行为和情绪为消费者营造出的整体感受。因此，服务业劳动者的心理状态特征，以及管理者对劳动者的心理、感受、情绪的影响和控制格外值得关注。针对服务业劳动者的工作特征，国外社会学早有涉猎，并提出了情感劳动（emotional labor）、情绪劳动（feeling labor）等概念。然而，这些研究主要致力于理解并概念化劳动者的工作性质，而对其工作场域的生产政体及劳动者适应这种工作状态的机制并未给予充分分析。本章尝试弥补这一空白，在描绘加油工作为服务者所面临的心理困境的同时，阐释了"服务"作为石油企业营销与竞争手段的源起及其对企业管理制度的影响，以及加油站管理者所构建的专制制度与霸权制度，从而揭示劳动者得以接受服务意识形态的机制。

第五章 非创效任务：制度与政策对加油工的影响

在第三章和第四章中，我们分别从"劳－资关系"和"劳－资－客三方关系"两个维度对加油工生产政体进行了剖析。本章中，我们将介绍另外一个十分重要的维度——制度环境。

我们每个人的选择和行动都要受到来自国家和社会的规约，劳动过程也概莫能外。过往的生产政体研究常常讲究要兼顾"四个维度"，即劳动过程、劳动力再生产、市场竞争和国家干预。布若维认为，只有把这四个维度都说清楚，一项研究才称得上全面立体[①]。加油站行业关系国民经济命脉，事关安保、安全生产、环境保护等多个重大领域，广泛受到来自各方面制度的影响。我们曾在第一章中回顾了这个行业的历史，不难看出，一项政策的出台就能影响千万加油站的命运，更不必说其中的加油工了。

"油站有两保，内保和环保；油站有两关，消防与安监。"这个顺口溜曾在行业内部广泛流传。在严格监管之下，加油站的生产经营受到了诸多规制。本研究将把关注点放在组织内部，聚焦监管部门的规制给加油工带来的影响。

B市一位加油站企业高级主管人员告诉我们，企业内部存在"创效部门"和"管理部门"的二分习惯。其中，涉及油品、非油品等产生经济效益的部门被统称为"创效部门"。

[①] Burawoy, M., *The Politics of Production: Factory Regimes under Capitalism and Socialism* (London: Verso, 1985).

咱们内部是有个固定的说法，叫创效部门。对，我们也没有文件的准确的表述，反正我们内部讲，就叫创效部门。其他的叫综合管理部门。创效部门的业务就叫"创效业务"。（SY 访谈录）

在石化企业的综合管理部门中，除了办公室、财务等必要的行政部门外，大多数部门都要落实政府部门的工作要求。如果说创效部门完成的是"创效业务"，综合管理部门对应的就是"非创效业务"，其为下属加油站和加油工部署的相关工作就可称作"非创效任务"。那么，一座加油站要完成哪些"非创效任务"？给加油工带来了哪些"非创效"的劳动？对加油工的日常生产和生活产生了哪些影响？本章中，我们将对此展开深入分析。

一　安全保卫

在 B 市北五环的 L 加油站，我们目睹了一场特殊的早班会。

当日清晨，加油工们在院落中列队时，人人手持"斧钺钩叉"。有大防暴叉（锁腰器）、小防暴叉（锁脚器和颈叉）、防暴网兜、伸缩棍、圆盾牌、长方盾牌、灭火器、防爆毯等各式器械。加油工的穿着也与平日不同，有两位加油工头戴钢盔，身穿防刺服，还有一位身穿橙色消防衣和消防帽。加油工们人人表情肃穆，严阵以待。

忽然，两名戴口罩的男子跑来，其中一位挟持住女带班长，另一位手举黑色包裹，高喊口号。加油工们见状立即行动，从不同方向扑向"歹徒"。有的叉腰，有的叉脚，有的夺包裹，分工明确，瞬间将"歹徒"制服。同时，还有两名加油工跑到进站口阻拦车辆，有一名加油工跑到站房启动警报器，另有人专门负责将"歹徒"的黑色包裹移走，并盖上防火毯。另外，还有一人专门负责拍照。

这一系列操作显得训练有素，迅捷而不忙乱，显然已经演练多次。我们对此产生了浓厚的兴趣。经过询问得知，加油工们刚才进行的是"防暴反恐"演练，这种演练一年内要进行至少两次，遇重大活动前还要"加

练"。加油工们身上的服装和器械是每座加油站必须配备的，要用专门的防
爆柜加以存储，还要定期清点、清理和维护。

站长向我们展示了B市五个行政主管部门联合发布的"关于强化全市
加油站安全管理工作的意见"的文件①（业内俗称"1612号文"），文件长
达8页，却句句是"干货"，内容繁多，可谓面面俱到。我们根据文件内
容，逐条向站长询问其落实细节，获得了加油站安保工作的具体情况。

加油站对安保工作有明确的分工，站长是总负责人，每个班组要指定
一名专职安全员，上岗时要佩戴臂章或袖标。即使从来没有真正遇到过安
保风险，他们对这项工作也从来不敢怠慢，站内会制定非常详细的应急预
案。演练中，每个加油工都有自己的分工，一旦突发事件发生，每个人都
知道自己该去哪里、持什么器械、怎样对付暴徒。对于新来的加油工，要
对其进行防暴培训，为其分配防暴职责，教会其使用防暴器械。由于加油
站的人员流动性较高，这种培训会经常开展。每次防暴演练，还要有专人
负责拍照，留存档案，存入专门档案柜以备有关部门检查。如果加油站没
有落实上述制度，有关部门是有权依法对加油站进行处罚的。防暴演练只
是加油站安全保卫工作的其中一项任务，围绕有关部门的要求，加油站还
要在生产过程中进行一些特殊安排。

（一）禁止"打散油"

按照有关部门要求，为防止有人购买散装油品进行暴恐活动，加油站
禁止销售"散装油"。即，来站加油的必须是车辆，如果是顾客提着桶来
"打散油"，则其必须持有当地派出所、村委会或街道（乡镇政府）开具的
介绍信，油站方可销售。许多站长表示，这个规定是"1612号文"重点强
调的内容，有关部门对此三令五申。但是，这个规定在执行过程中有时会
造成麻烦甚至冲突。例如在一些位于农村的加油站，附近村民经常需要
"打散油"以作为家中农机的燃料。当加油工按照规定回绝其购买要求时，

---

① 由于此文件标明保密级别为"内部"，文件标题和文号在此不列出。

许多村民都表示不理解，认为加油工小题大做，多此一举，故意难为人，甚至有辱骂殴打加油工的情况出现。

（问：有没有跟顾客发生过不愉快的现象？）

现在基本上出现不愉快的可能就是在散装油和摩托车①这块。因为（按）现在政策来讲不让加，尤其现在农村他们打草（和）打药都要用散装汽油。用汽油，也用柴油，农机用柴油，他也会去拿，所以说现在是要去派出所开证明，很多人都不愿开。

（开证明有什么问题吗？是说他去了就能开，还是？）

原来是要去村里边开，开了介绍信，再到派出所去开证明。从今年（2018）的可能是 6 月份那阵吧，开始就是只要直接去派出所去开证明，就开个散装证明，到加油站来加就行了。有的人他不愿意去；有的可能赶到晚上了，着急用油，派出所那边又没人了，也开不了了；或者人家着急说我车坏了，因为我们到派出所还有两公里的距离，村民骑个小三轮车，人家不愿意来来回回跑那一趟。但是我们的加油工按照政策规定，没有派出所证明就是没办法给他们加油，有的人就很生气，骂骂咧咧的，说几句不好听的才走。

（问：遇到这种情况你们怎么处理？）

没法处理，反正就是不给你加。他也就不加了，说几句不好听的话走了。这没办法，这个东西你不能违规操作。

（YPC 访谈录）

加油工在执行规定时丝毫不敢放松。有站长表示，几年前，有关部门曾经派人假称附近居民，到加油站"打散油"。当班的加油工经不住软磨硬泡，最终同意为其打油。结果，油还没打完，对方就亮明了执法身份。加油站立即遭到主管部门的严肃查处，停业整顿长达三个月。由于造成了不

---

① 对于摩托车加油管控的相关规定，后文会有进一步介绍。

小的经济损失，当班加油工被立即开除，全站员工的绩效工资被扣发。

> 说加点散装油，然后你一加，啪，把那证一亮，罚款！（问：真的？还这么干？）人家这叫"对抗式检查"。哈哈哈哈……（LN访谈录）

类似事件发生后，B市所有加油站都对"打散油"加强了管理。甚至有加油站明文规定，就算顾客出示了证明材料，也不向其销售"散油"。由此，围绕"打散油"造成的冲突却时有发生。许多站长表示，最严重的情况是遇到有车辆燃油耗尽，抛锚在路上。这类车主跑到加油站来打油时，往往心情十分急切，手里拿的容器也五花八门，甚至出现过拿着大号矿泉水桶来打油的情况①。但这个时候，加油工依然不敢把油卖给车主，只能告知车主必须去派出所开证明，或者把车推过来，再或者打电话叫道路救援。这常常使本来就已非常焦急的车主大为恼火，认为是加油工不通事理、乘人之危，甚至有人因之对加油工拳脚相加。

（二）"一人一机"制度

安保的另一个重要手段是严格管控自助加油。自助加油在国外加油站是非常普遍的现象。在网络上的一档视频节目中，一位外国网友盘点"中国常见但美国没有的工作"②，其中就包括加油工。在美国，自助加油是普遍状态，几乎不存在工作人员协助加油的情况。

> 在美国加油站，员工是非常少的，一个年销万吨级的加油站往往只在超市设立一个收款员，加油站均是自助加油③。

自助加油的模式在2012年前后就已在B市普及。但是出于防暴反恐等

---

① 由于容易产生静电，用普通塑料瓶打油是非常危险的。
② 该节目上传在爱奇艺视频平台，频道：我是郭杰瑞。20181018期：中国有美国没有的工作。
③ 黄成海：《美国石油考察散记（续一）》，《商业时代》2005年第25期，第18~19页。

的考虑，2013 年发布的"1612 号文"提出了"一人一机"的要求，即每台自助加油机必须有一名加油工值守。每逢重大活动，有关部门还会发文通知全面停止自助加油。访谈中，一位加油站企业高级主管人员这样评价：

> 咱这儿不允许自助加油，就是"1612 号文"（的规定），它没全面禁止自助加油，但要求"一人一机"，就是如果开展自助加油的话，这个机器必须有人专门盯着，知道吧？我（认为）实际上我们（自助加油）就没有意义了，那还自助个啥？我们既然要搁一个人盯着，干脆我们就给服务了算了，是吧？他那玩意（他）不成立。（SY 访谈录）

按照这位主管人员的说法，"一人一机"的规定是根本不成立的。加油站推广自助加油，其目的就是节省人力。但是"一人一机"的规定出台后，每台自助加油机还要派人值守，那自助加油的意义就完全丧失了。同时，这种规定也给加油工的劳动带来了一定的麻烦。由于"人机数量"必须匹配，大多数加油站为了减少人力成本支出，就只好把站内的许多加油机关掉。例如，本来某座加油站一个班组有 3 名加油工就够了，但偏偏这个站有 6 台加油机，没法达到"人机匹配"，那么加油站的一个理性选择就是关掉其中 3 台机器[1]。这样做的一个后果是，在加油高峰时期，车辆排队的情况将大大增加。许多车主不理解，为何加油站明明有好多台加油机，却要停用大半？难道是故意让车辆在仅剩的那两台机器前排起长龙？在早晚高峰时段，对此发出质疑，并啧有烦言的车主不在少数，甚至有人因此而对加油工恶语相向。

> 这（一人一机）肯定是个负担。从用工的角度来讲负担挺重的，原来我们自助加油都推了，90% 的站都有自助加油了，还有一些全自助

---

① 按照要求，必须对多出来的加油机实施"断电停机"。因此在高峰时段临时启用也是不允许的。

加油站，你知道吧？那时候我们的用工可能少不少了。（问：有统计过比例吗？用工的减少量？）用工怎么说？不太好比，没有统计数据……你用一个单站来讲，如果开展全自助加油，一般规模的10吨（每天）以内的一般5个人足够了。现在的话怎么着也得六七个人，反正至少20%到30%的人力肯定要增加的。（SY访谈录）

（三）夜间值守

此外，出于夜间安保的要求，"1612号文"① 还规定加油站"落实夜班值守力量配备"，要求每座加油站至少配备一名带班长和两名加油工。夜间加油量较大的加油站，要每两条加油枪配备一名加油工。上文中曾提到，加油站白天和晚上的加油量往往差距很大，有些加油站到了夜晚经常出现"空场"的情况。但即便如此，为了落实主管部门的规定，依然要派至少两名加油工在现场值班。

同时，文件还要求夜间值班人员以男性为主，男女比例至少2∶1。这让许多以女加油工为主的加油站安排起来十分困难，有些甚至干脆夜间停业，损失了不少客源。一位企业高级主管告诉我们，由于待遇不高，招聘男加油工本来就不容易，文件关于男女比例的要求更与加油站的业态不符。但是上级规定明确，他们也只好照办。

> 你就靠这个收入待在B市？他想在这块生活下去，或是成家立业，就是很难的事。所以基本上你（这个）工作，就是说找个媳妇也挺难……他要求值夜班的（要用）男员工，这东西都确确实实跟业态完全不符，就男员工，这点钱招也招不来。它总体属于一个营销服务岗位，女同志比男的干得好、细心，她们愿意沟通。（SY访谈录）

---

① 本节中反复提及"1612号文"，并不是因为关于加油站安保工作的文件仅此一份，主要是因为，"1612号文"的规定最为全面，对加油站行业的影响也最大。所以B市许多加油站企业习惯上用"1612号文"来指代安保工作的各项规定。

但这位高级主管人员同时表示，政府对安保的重视可以理解，对于加油站来说也是好事，毕竟切实保障了加油工的安全，也对周边社区的安全稳定具有重要作用。安保工作是加油站典型的"非创效任务"，给加油工的劳动带来诸多规制，也增加了许多工作内容，但并不能带来更多的工资收益。同时，加油工作为以年轻外来务工人员为主的群体，这些规制也是他们了解都市生活、培养安全意识的有效途径。访谈中许多站长都表示，只要是在加油站工作过的员工，不管到了哪里都比较守规矩。可见，安保工作的规制固然严格，"非创效任务"的要求固然烦琐，但这些经历很可能成为加油工进一步城市化的重要经验基础。

二　安全生产

2007年11月24日，上海浦东一座加油站发生爆炸，事故造成4人死亡、40人受伤。据新华网报道，爆炸产生了巨大的气浪，周围建筑物遭到不同程度损坏，一些混凝土、石块散落在方圆1公里范围内。在4名死者中，有1名男子在约1公里外骑自行车，被从天而至的石块砸中身亡①。

加油站紧邻城市居民区，是距离居民区最近的易燃易爆品经营的单位，一旦发生安全事故，后果可想而知。我们调查中的一个深刻印象是，加油站的安全生产工作无处不在。任何一个看似简单的操作，背后都有相应的安全准则。每名加油工都处在安全管理的严格规制之下。

从监管部门层面来看，B市加油站的安全生产工作由应急管理部门②负责牵头。其中，由于消防工作是监管重点，公安消防部门也会行使相应的管理责权。本章开头提到的"加油站有两关，消防与安监"的说法，实际上指的就是安全生产工作。我们向应急管理部门相关负责人员了解了加油站安全监管的细节。总的来说，可谓千头万绪、包罗万象。其中，单是涉

---

① 《上海加油站爆炸目击：千米外路人被石块砸死》，http://news.sina.com.cn/c/2007-11-24/120214378723.shtml，最后访问日期：2021年11月23日。

② 原安全生产监督管理局，2018年后改组为应急管理局。

及的法律就有至少十部，包括《中华人民共和国安全生产法》《中华人民共和国消防法》《危险化学品安全管理条例》《危险化学品经营许可证管理办法》《特种作业人员安全技术培训考核管理规定》《工作场所职业卫生监督管理规定》《生产经营单位安全培训规定》《生产安全事故应急预案管理办法》《B市安全生产条例》《B市安全生产事故隐患排查治理办法》等。执行的标准也至少有三部，包括《汽车加油加气站设计与施工规范》（GB50156）、《加油站作业安全规范》（AQ 3010）和《加油加气站非油品设施安全设置管理要求》（DB11/T1229）。相关负责人员向我们提供了 B 市应急管理部门汇总编制的《加油站安全生产重点执法检查项目》，其中竟包括 20 多个大项，近 90 个具体检查环节，涵盖资质管理、制度管理、安全设备管理、特种作业人员管理、安全生产教育培训、劳动防护、隐患排查和治理、危险作业管理等多个方面。这些规定可谓事无巨细，从其中关于防火物资的规定就可见一斑。

> 每 2 台加油机应配置不少于 2 具 4kg 手提式干粉灭火器，或 1 具 4kg 手提式干粉灭火器和 1 具 6L 泡沫灭火器。加油机不足 2 台应按照 2 台配置。一、二级加油站[①]应配置灭火毯 5 块，沙子 2 立方米；三级加油站应配置灭火毯不少于 2 块，沙子 2 立方米。检查消防沙是否有板结或含大块石子；消防沙、灭火器和灭火毯等是否符合要求，是否定期检测、更换；检查应急物资和装备定期检测和维护记录；检查相关物资和装备使用情况档案。

规章制度的细致程度让我们瞠目结舌，比如《加油站作业安全规范》（AQ 3010）要求加油工要"把干粉灭火器放在卸油位置的上风口"，油品采样时要"上提速度不得大于 0.5m/s，下落速度不得大于 1m/s"，甚至还明文规定加油工"进食前必须洗手"。

---

① 关于应急管理部门对加油站的分级，后文会提及其分级标准。

加油工告诉我们，虽然这些规定看起来已经如此细致，但对于他们来说还只是粗线条的指导框架，因为企业会结合具体情况做出更加细致的规定。如某公司提出安全管理的"40不准"[①]，某公司编制了长达108字的"安全三字经"[②]，要求所有人熟练背诵。

在我们看来，光是记住这些规定就有不小难度，更不要说具体执行了。最具代表性的安全管理体系是B市中石化、中石油等率先推广的"HSE体系"[③]。某加油站站长向我们出示了内部文件《加油站HSE工作手册》，总共长达40多页，分为加油区、油罐区、发电机房、配电室、食堂、淋浴间、员工宿舍、管理台账8个篇章。受访站长表示，这套"HSE体系"要求繁多，规定极细，并且要求每日按照其内容进行巡查。一些规模较大的加油站需要有专人落实这些要求，但对于一些规模较小的加油站来说，所有的巡查项目就只有靠加油工在劳动之余兼职完成了。光是每天完成这些巡查，就需要耗费加油工不少的精力。

> 他自查的（项目）那么多，天天都要查。另外这些乱七八糟的设备维护也会耗费很多精力。（问：您觉得每日巡查要耗费多少时间呢？）我觉得一天有巡查，包括岗中巡查，可能也得有一个多小时。他接班的时候要巡查一遍，对吧？设备巡查一遍（后），然后岗中他也得查查油气回收设备有没有异常，是吧？加油的空间、配电室他也要巡查，这种设备巡查、安全巡查，我说八小时是肯定有的。（SY访谈录）

面对如此浩繁的安全生产管理规定，我们也无力进行逐条考察。在访

---

① 石振国：《加油站安全管理40个不准》，《石油库与加油站》2000年第6期，第20~24页。
② 赵永杰：《浅谈加油站日常安全管理及措施应用》，《中国市场》2017年第21期，第198~199页。
③ "HSE体系"指的是健康（Health）、安全（Safety）和环境（Environment）三位一体的管理体系。

谈中，我们请加油工谈谈那些对他们生产和生活影响最大的安全制度。以下，我们将介绍其中几个最为普遍的要求。

首先是严格管控摩托车加油。第三章在描述加油工的工位分配时曾经提到，为摩托车、三轮车加油的工位往往是加油站中典型的"坏工位"。B市安监局发布的《关于加强加油站安全管理工作的通知》明确规定，要确定专门的加油机和加油工为摩托车、三轮车提供加油服务，且在加油前要认真核对车辆牌照、行驶证等证件及派出所开具的证明，做到牌、证相符方可加油，还要做好登记备案，并监督加油全过程。加油完成后，要将摩托车推出站外再启动，对残疾人使用的摩托车，还要由加油工负责推出站外。在实际落实过程中，由于摩托车油箱普遍偏小，而车主的加油需求往往比较急切，若恰逢车主未带齐证照，加油工断然不敢为其加油，因此产生的矛盾可谓比比皆是。

> 曾经有摩托车过来加油，我们要复核牌照，还要登记，还要核实。（他）没有（相关证照）。没有他就不干。"凭什么不给我加？人家都给加，怎么着？"（我们）开始说，确实加不了。（他说）"你们不就是一个加油的吗？不一个破外地人吗？"（LY访谈录）

另一项要求是提醒顾客加油时不能拨打电话。《加油站作业安全规范》（AQ 3010）明确规定，"站内有人吸烟或使用移动电话时，应立即停止加油"。如果加油工在加油时发现顾客拨打电话，要立即制止。但是在实际执行过程中，一些顾客并不遵守这个规则，甚至对此不屑一顾。无论加油工怎样提醒都不放下电话，有的甚至直接把车窗摇上，把加油工晾在一旁。

调查中，我们在现场就曾目睹类似事件发生。在BHL加油站，一位顾客在加油时自顾自地打电话，全然不理加油工的反复提醒。恰好彼时加油站站长正在场地内，他跑到车窗前大声呵斥顾客："你不要命啦，还打呢！"顾客才悻悻地放下电话。站长表示，这样的事情时有发生，一旦被监管部门抓到就要罚款。遇到这种顾客，他也只能用强硬的方式回击。

同时，加油站安全生产工作要"日提醒、周例会、月总结"。每天的班前会上，加油站站长都要强调安全生产的注意事项。每周加油站都要召开员工例会，部署安全工作，排查风险隐患。每月要向主管部门报送安全生产工作总结材料。材料要求图文并茂，生动翔实，还要配上安全演练、工作例会的影像资料。为此，B市应急管理部门还专门建立了一套网上填报系统，加油站要定期上传日报、周报和月报。对于员工要开展常态化安全教育，定期进行培训和考试。监管部门会抽查培训记录，调取考试试卷。如发现问题，也要处罚。

> 某地应急管理局执法人员在对某加油站进行执法检查时，发现该加油站提供的安全生产教育培训台账中多份答卷和考试签到表中的笔迹相似。经现场询问得知，该加油站安全员为了应付检查，替多名员工抄写答卷，制作虚假安全生产教育培训台账和考核记录等，存在明显弄虚作假行为。执法人员当场开具了《责令限期整改指令书》，责令企业限期改正。目前，某市应急管理局已依法对该加油站进行立案查处①。

此外，宿舍安全也是监管部门检查的重点。上文曾经提到，加油站普遍提供员工宿舍。过去许多有条件的加油站把宿舍设在站内，方便了员工上下班，也节省了企业运营的成本。但自从2015年以来，B市开始严厉整顿加油站宿舍，许多宿舍遭到取缔。《中华人民共和国消防法》第19条规定，"生产、储存、经营易燃易爆危险品的场所不得与居住场所设置在同一建筑物内，并应当与居住场所保持安全距离"。所以，加油站宿舍首先不能设在经营场所内，其次要与经营场所保持安全距离。那么这个安全距离是多少呢？按照《汽车加油加气站设计与施工规范》（GB50156）的规定，一级加油站（储罐容积46立方米及以上）的安全距离为30米，二级加油站

---

① 李云凤：《伪造员工安全培训内容受处罚》，《中国石化报》2019年11月15日，第3版。

（储罐容积在 31～45 立方米）的安全距离应在 12 米以上。三级加油站（储罐容积的上限为 30 立方米）的安全距离应在 10 米以上。对于占地面积动辄可达 1500 平方米以上的加油站来说，这个安全距离的要求其实是不难达到的。但是，即使安全距离足够，也按照要求建设了隔离墙，相关部门仍然要求加油站将宿舍取缔。当然，由于没有法律支撑，相关部门也无法采取强制手段，但仍然会采用一些"软"的手段，促使加油工搬走。

> 也不是说罚，就是天天来查你。我们原来站里有宿舍，后来2015年开始管得严，我们正好也改造，就索性把宿舍拆了。我们就在外面给员工租宿舍。
>
> 这（要花费）不少钱。没辙，30 多个员工，一套房一年就 10 万（元），得租个六七套。（ZJ访谈录）

有关部门规定，加油站为员工提供的宿舍要保证每名加油工的居住面积不少于 5 平方米，一间卧室最多只能住两名员工。一个两居室不能居住 5 人以上，一个三居室不能居住 6 人以上。辖区派出所或街道/社区会不定期对宿舍进行检查，除了要检查居住人数是否达标，还要检查宿舍的用水安全、用电安全。为此，加油站设置了诸多内部管理规定，以达到主管部门的要求。例如 ZJ 所在的加油站就在每间宿舍指派一名宿舍长，每日安排值日巡查，拍摄宿舍照片并上传至指定工作微信群。宿舍内不能做饭，用电有专门的充电区，所有插线板由公司统一配备，不得私接，违者要罚款 500 元。宿舍内还严禁吸烟，发现在宿舍吸烟者，直接开除。

> 比如说什么宿舍有没有烟头他（民警或街道/社区工作人员）肯定会查的，像民警过去肯定（查）这方面。电器、燃气使用基本的他肯定会查。我们每个宿舍都有一个宿舍长，然后每天需要拍照片，我们有一个工作群，发到群里边，就（相当于）是进行检查。这个也有一些连带责任的，比如在宿舍出现吸烟现象，或者乱插乱接，宿舍长是

有责任的，或者是他带班（时）他也有责任的，说明他没有把员工管理好，这个是连带处罚。（问：这怎么处罚？）自己站规定，（吸烟）当时人就开除，（问：就在宿舍吸烟？）对。（问：那有吸烟习惯的咋办？）外边去吸去。我们就宿舍安全工作肯定抓得严一点，安全无小事。（ZJ访谈录）

有站长向我们反映，在安全检查时，也曾经出现过"对抗性执法"的情况。

以我个人经历过的，我之前在别的区县当站长的时候，被安监的领导……（叹气）安监的执法人员进加油站翻过我个人的柜子。

（问：翻你柜子的目的是什么呢？）

找烟头。

（问：那他后来找到了吗？罚款了吗？）

找到了，罚款了。

（问：罚了多少钱？）

5000（元）。

（问：那这个钱最后是你个人掏，还是……）

我个人承担……（这种事）现在基本上很少，之前那会儿偶尔出现过。

（PZC访谈录）

综上，加油工的生产和生活都要受到全方位的安全监督，类似的规定不胜枚举，我们无法面面俱到。虽然安全生产工作同样不能为加油站创造任何经济效益，也属于我们在本章开头提到的典型的"非创效任务"，但不得不说，这项工作的重要性依然不言而喻，每日巡查、加油登记等工作安排并不是无意义之举。到我们调查结束时，B市加油站已至少十多年没有发生过任何安全事故。B市应急管理部门相关负责人员告诉我们，他甚至已不记得上次有加油站发生安全事故是什么时候了。可以说，这完全得益于平时的严格管理与相关监督检查。

三　环境保护

近年来，人民对优美生态环境的需求越来越高，国家对环境保护的重视也达到了空前的程度。B市作为国内核心大都市，环保工作更是走在全国前列。加油站是紧邻城市居民区的排污单位，是生态环境部门监管的重点对象。据统计，B市加油站每年会向大气排放2万多吨的油气[①]，如果得不到有效控制，将对人体产生巨大危害。油气是造成光化学污染[②]的重要原因，曾经酿成了著名的"洛杉矶光化学烟雾事件"。同时，油气挥发带来了严重的安全隐患，大量的饱和浓油气逸散飘浮在加油站周围，爆炸风险很高。油气逸散还会带来资源的巨大浪费，汽油中点火性能最佳的轻质组分就这样白白飘散，B市每年因此造成的直接经济损失就高达3亿多元。

为控制油气排放污染，B市环保局等三部门于2007年发布了《关于开展成品油储运系统油气排放污染治理和做好防爆等相关工作的通知》（以下简称《通知》），规定B市所有加油站皆要安装"油气回收装置"。装置的原理并不复杂，概括地讲，就是在加油的同时将挥发的油气吸回地下储油罐。《通知》同时规定，为杜绝油气排放扰民，凡加油站场界距离民用建筑50米以内的均须加装"油气后处理装置"，用炭吸附、冷凝、过膜等方式进一步处理油气。到2008年5月，相关装置的安装工作全部完成，B市油气处理装置安装量居世界大城市之最，困扰B市已久的加油站排放问题得到

---

① 中国广播网，http://china.cnr.cn/ygxw/201306/t20130617_512829796.shtml，最后访问日期：2021年9月17日。油气即汽油中的挥发性成分，含有苯、甲苯、二甲苯等大量有害成分。这里说的"排放2万吨"，是加装环保设施之前的情况，目前这些污染物质已得到了消减，后文会有详细介绍。

② 光化学烟雾是城市环境的重要污染物，相关信息请参见 https://new.qq.com/omn/20191010/20191010A005UX00。

了解决①。每年 2 万多吨的油气排放"变废为宝"。

> （油气）相当于一个等体积置换，（你）多少油进去就把多少气（油气）顶出来。后来就为了解决这个问题，现在的油枪都是套管，外面油管套里面气管，然后（加油机）下面有一个电动的泵，（那你）多少油加出去就会有多少气被抽进来，抽回地下罐里。所以，就相当于原来 B 市一年消耗多少升油品，就有多少升的饱和浓油气排放到大气当中。大概每年要损失 2 万吨左右的油气，会逸散到空气当中。现在因为有了这个（油气回收）之后就都被吸回来了。吸回来之后不光是环保，而且涉及一个变废为宝的问题。（STZ 访谈录）

环保装置安装后，确实起到了良好的减排效果。但是这种效果并不是单方面完成的，需要政府和企业合力确保这些环保设备的有效运行。《B 市大气污染防治条例》中专门规定，加油站"不正常使用油气回收装置"将被罚款 2 万～20 万元，后处理装置排放超标将被罚款 10 万～100 万元。为此，B 市生态环境部门组织人员专门对各加油站油气回收装置的运行情况进行执法检查。检查力度最大时，每年检查频次超过 2.5 万座次，即平均每座加油站每年要接受 23 次执法检查，部分重点加油站每年接受检查的频率高达 40 多次。仅 2016 年一年，B 市就有 130 家加油站因环保问题受到行政处罚，罚款金额高达 400 余万元，监管力度可见一斑。

严格的环保执法给企业带来了很大的压力。B 市生态环境部门要求，所有加油站都要建立"油气回收自保体系"，组织加油工进行环保自查。调查中我们看到，这项制度的执行情况可谓十分到位，环保自查成为加油站一项必不可少的日常工作。

我们在某日清晨跟随 XHM 加油站的站长 M 进行了一次环保自查。他首

---

① 高原：《加油站油气回收 北京一道亮丽的风景线》，《华北五省市环境科学学会第十七届学术年会（北京）论文集》，2011，第 287～288 页。

先指挥加油工打开所有，共 8 台加油机的外罩，查看每条加油枪下面的
"油气回收泵"是否正常工作，皮带轮是否涨紧，飞轮是否打死。之后，他
指挥加油工擦洗了加油机内部设备，并查看是否有油污渗出。擦好后，组
织加油工查看所有相关阀门是否按照要求关闭或开启①，将上述清理过程中
被不小心碰松动的阀门复位。然后，逐一打开地下罐卸油口，查看地下储
油罐压力，再小心地把卸油阀门复位。查看每条加油枪的胶皮管和皮碗是
否破损。用量油尺测量积液罐液位，发现液位过高，立即抽出。再到配电
室，查看后处理装置的运行状态和运行时间。发现一些可疑问题，他会立
即打电话给公司维修队，预约当天上午的检测和维修。最后，他回到办公
室认真填写当天的检查台账。以上的每个检查点位，都会悬挂一枚圆形标
牌。牌子上用不同颜色平均分成七等分，分别标注"星期一"、"星期二"
到"星期日"。圆心有一个指针，在每个步骤中，检查者都会把指针拨到相
应的日期上。

　　M 介绍，像这样的自查站里每天要进行三次，分别由各班带班长带领
全体加油工实施。检查的各个步骤是严格依照 B 市环保局于 2016 年下发的
《B 市加油站油气回收作业指南》（以下简称《指南》）进行的。《指南》共
规定了 20 项必备内容和注意事项，其中不仅规定要高频自查，还规定加油
工在日常加油时需要时时刻刻"注意观察加油过程中是否有明显的油气味，
车辆油箱口是否有严重的油气蒸发外溢""注意油气回收泵是否正常转动"。
但是，油气是无色透明的气体，加油工无法凭肉眼观察油气是否逸散。我
们很好奇加油工是如何发现这些问题的。对此，M 表示，要落实这两项规
定，加油工只能靠鼻子闻、靠耳朵听，这是加油工必须掌握的技能。

　　　加油机里面有俩泵。一个油泵，一个气泵（油气回收抽气泵），平

---

① 油气回收装置是一套相对复杂的系统，概括地说，只要是加油站里有油管的地方，就要有
油气回收装置的气管。每台加油机下面都有相关的阀门，且各类阀门的"开启"或"关
闭"各不相同，有要求常关者，也有要求常开者。一旦开关错误，将导致系统失效。如被
执法人员发现，就会受到行政处罚。

时俩都响。如果气泵坏了，不转了，它声音肯定不一样啊。气（油气）抽不进去，味也肯定飘出来了……这个就要凭经验，得警惕点，味不对了就赶紧报修，不行就停机……新来的我都教给他们。（M访谈录）

除了"查"、"闻"和"听"，加油工还要谨防加油时油品遗洒。一旦遗洒，要立即擦拭或盖上沙土，防止挥发。加油站对油罐车卸油过程也有严格规定，加油工向我们背诵操作口诀："先连气管，再连油管；先开气路，再开油路；先关油路，再关气路。"操作流程如果出错，就会造成油气泄漏，一旦被执法人员查到，就会受到处罚。此外，《指南》还规定"严禁跳枪强迫加油"，即油箱加满跳枪后，不允许继续加油，以防油品被抽到油气回收泵中损毁设备。但是，许多司机（尤其是出租车司机）都对此项规定表示不能理解，他们要求加油工在跳枪后继续加油，甚至一直加到在油箱口能够看见液面为止。有关规定与顾客需求产生矛盾，在实际执行过程中，常常令加油工左右为难。如果拒绝顾客，难免会遭到恶言恶语，甚至会被投诉。如果向顾客妥协，一旦被执法人员看到就要面临处罚。为了解决这个问题，许多加油站把规定"严禁跳枪强迫加油"的文件直接贴到加油机上。

在高频次检查和严厉的行政处罚下，加油站企业为了落实责任，将环保工作的要求和压力分解到每名加油工身上。我们了解到，一旦加油站遭到生态环境部门的行政处罚，企业就要启动追责机制。如果发现是当班加油工的责任，就要对其进行严惩。处罚形式主要是经济上的惩戒，最严重的，就是企业直接让加油站来承担缴纳罚款的费用。由于罚款的"起步价"就是2万元，一次处罚往往就会导致全站员工当月的绩效工资被减扣殆尽。有的公司还规定，只要被处罚，如果经核实是加油站自检不到位造成的，就要减扣全年的绩效工资和奖金。

被处罚的话，处罚一次全年（绩效工资和奖金）就没有了，包括（说你）完成任务的（绩效工资），一些奖励这些东西。（XL访谈录）

可以说，环保工作对加油站非常重要，它给加油工带来了诸多的"非创效任务"，也给他们的生产带来了诸多规制。但环保工作的效果是显著的，自2012年以来，B市大气 $PM_{2.5}$ 浓度由89.5微克（每立方米）下降到2020年的38微克（每立方米），大气环境改善速度在全世界绝无仅有。B市在短短7年之内，走完了西方发达国家几十年的治理之路。据B市环境保护科学研究院测算的结果，通过油气回收，B市加油站排放因子从2006年的28千克（每吨汽油）下降到目前的2千克（每吨汽油）[①]，减排率高达92.8%。虽然，环保工作并没有给加油站带来直接的经济效益，但它提升了加油站企业形象，保障了加油工和周边居民的身体健康。访谈中，许多加油工表示，虽然监管严格，自检工作繁重，劳动过程中还要时刻提高警惕，但他们仍然高度认可环保工作。虽然它确实是一种"非创效任务"，完成这些任务不会为加油工带来任何额外的收入，但加油工仍然是自身劳动的最直接受益人。

> 油气回收我觉得还是比较好（的），就是你看原来夏天的时候，（加油站里）全都是油气，现在根本就没有，一点也看不到，几乎没有。（STZ访谈录）

> 咱们这个油气回收做得比较好，所以说我们现在就不戴口罩了。（LY访谈录）

> 你说安全环保这个事，虽然不直接创效，恐怕也是（我们）责无旁贷（的）。（SY访谈录）

四　宏观产业政策和经济形势变迁

上文多次提到，加油站行业是国家石油产业的终端环节，事关国民经

---

① 因匿名需要，本段中数据隐去来源。

济命脉，受政府指导定价，实施严格总量监控。第一章中我们曾经回溯 B 市加油站行业的发展史，不难看出，宏观产业政策对加油站行业具有决定性的作用，是不可忽视的"房间里的大象"。

上文中，我们曾经提到加油工招工难和流动性高的问题。问卷结果显示，有 77.21% 的加油工认为薪酬较低是离职的主要原因。但是，企业面对"招不进、留不住"的尴尬，为何不提高加油工的工资呢？访谈中，当我们多次把这个问题提给管理者，得到的答案莫过两类。一是认为企业用工成本已经很高，不宜再提升；二是认为 B 市加油站行业的整体未来形势不乐观，企业不得不对涨工资抱以谨慎态度，"毕竟涨上去了就落不下来（了）"（WZJ 访谈录）。这两类答案指向同一个问题，那就是企业普遍判断减量化发展将是未来的总体趋势。在充分调研行业现状后，我们也得出了同样的判断。

上文提到，左右加油站兴衰的关键性因素就是居民的用车情况。2010年，在经历了十年的机动车保有量快速增长后，B 市出台"限号"政策，对新注册登记机动车实施严格控制。数据显示，2010 年以前的 B 市机动车保有量"每六年翻一番"，年均增长率超过 15%。2010 年，B 市机动车保有量年增长率达峰，为 19.7%。而 2010 年后，"限号"带来的效果立竿见影，2011～2018 年，B 市机动车年增长率仅为不到 5%。新增机动车数量呈现"断崖式"下跌（见图 5－1），加油站业务也因此受到了极大的冲击。同时，B 市公路货运总量也在 2015 年时出现大幅下跌，当年跌幅达到 25.07%。随后几年虽有恢复，但上升极为缓慢，似乎很难再回到 2015 年以前的水平（见图 5－2）。公路货运总量是标志经济发展趋势的一个重要指标，B 市在这一指标上的变化，直接说明上路行驶的货车数量大幅减少，也从侧面反映经济增长已出现明显放缓。

根据统计数据，2012 年至今，B 市的汽油年销售量就已基本稳定，柴油销售量略有下降，油品销售总量冲抵"天花板"的态势已经十分明显。与此同时，2018 年，全国的机动车行业发展也迎来了前所未有的"寒冬"，

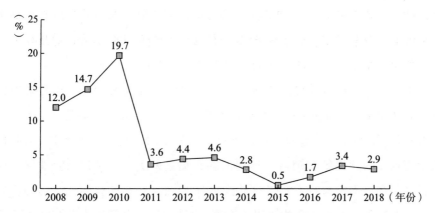

图 5 - 1　2008～2018 年 B 市机动车保有量增长率变化趋势

资料来源：B 市公安局公安交通管理局。

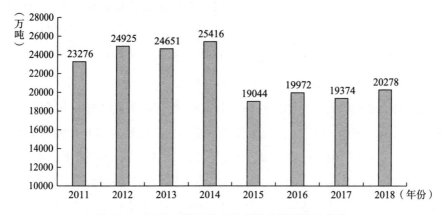

图 5 - 2　2011～2018 年 B 市公路货运量变化趋势

资料来源：B 市交通委员会交通管理运输局。

总销售量出现有统计数据以来的首次下行，当年销量下降 2.8%①。B 市乃至全国机动车销量增速下降，无疑为全国成品油零售行业蒙上一层阴影。

此外，发展新能源车已经成为整个国家汽车产业发展的重要方向。近年来，电动车、混动车、氢能源车等的发展方兴未艾。B 市电动车指标比例一再调整，截至目前，新能源车已从早期的无人问津，发展为占据新增

① 《中国汽车工业 2018——国内年度汽车产量、销售数据情况报告》，搜狐网，https://www.sohu.com/a/289830481_120013862，最后访问日期：2021 年 11 月 24 日。

车辆的 1/3（见图 5-3、图 5-4）。截至 2020 年底，B 市新能源车保有量已突破 40 万辆。不过，目前新能源车在续航里程、运行稳定性方面还有技术壁垒。但是，"一旦新能源车技术成了，我们可能明天就完了"（CL 访谈录）。这种等待"下一只靴子落地"的状态，无不加剧了企业的悲观判断。

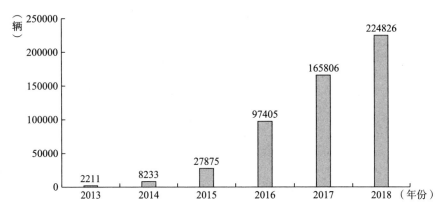

图 5-3　2013~2018 年 B 市新能源汽车保有量变化趋势
资料来源：B 市公安局公安交通管理局。

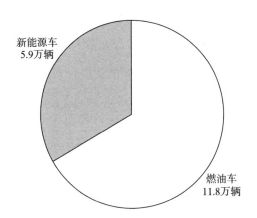

图 5-4　2018 年 B 市新增机动车中燃油车和新能源车数量对比
资料来源：B 市公安局公安交通管理局。

因此，未来"日子难过"已经成为 B 市加油站业界的共识，大家都在积极做好"过冬"的准备。2019 年的中国石化行业年会上发布的《2020—

2022 年中国加油站行业展望》①　就指出，"加油站行业变革的时代到来了！随着成品油全面市场化，监管力度加大，各路经营主体使尽浑身解数进入淘汰赛……蛋糕只有这么大，能赢得车友就赢得活下去的希望。消费者用脚投票的权利也会越来越大"。

在这种宏观环境下，加油站企业都在积极寻找出口。目前，向综合零售业转型是企业普遍寻求的发展新路。重视提高顾客满意度，争夺"用脚投票"的车主，也成为全行业的主要关注点。因此不得不说，企业要求加油工进行"加油 - 推销"的嵌套劳动，强化服务理念，追求"顾客至上"，这些现象背后都有宏观产业政策和经济形势共同作用的影响。加油工工资上涨乏力，也无不投射着行业悲观预期的阴影。

另外，需要说明的是，虽然大多数加油站都设置了"内部劳动市场"制度，其在制造共识、增强服务理念、凝聚职工团结等方面发挥了重要的作用。但是我们看到，这种机制也正在受到宏观环境的制约。现有的加油站站长们之所以有今天的成就，很大程度上是因为他们入职时恰好赶上了加油站行业的鼎盛时期，也恰好赶上了宏观经济快速发展的阶段。"好风凭借力，送我上青云"，可以说，他们是那个大时代的幸运儿。然而，对于现在这批年轻的加油工来说，当脚下的土地逐渐板结、龟裂，他们还会像前辈们那样幸运吗？此外，即便加油站站长们已足够幸运，但他们和他们以上的管理者之间仍是相对割裂的，进一步上升的渠道几乎没有，一道"玻璃天花板"挡在他们头顶②。一位站长告诉我们："我干这么多年，这 ZY公司只有一例，走到机关干了一个副科，他还是在整个华北公司技术大比武的时候，连考三年，考了个第一，就这么一位。"（YPC 访谈录）因此，像"我们只是打个工"（SWL 访谈录）这样的话语是我们在访谈中反复听到的无奈感慨。

---

① 此报告由能链集团与金联创集团共同发布，但截至本书完稿，此报告并未公开发行。笔者通过行业协会得到报告中相关内容。且相关内容已转载在 B 市成品油行业内部交流资料《SD 石油》上。
② 其中的原因涉及身份、编制等诸多问题，本书对这个现象不做评述，仅在此列举该现象。

本章中，我们介绍了制度与政策正在如何影响加油工的生产和生活。可以说，在都市中，加油站是普通的，也是特殊的。它既广泛分布在我们身边，平常无奇，却也是一个各类政策的着力点和落脚点，地位特殊。制度和政策对每个加油工的影响都是有目共睹的。数据显示，有 42.34% 的加油工认为"事情太多太杂"是离职的主要原因之一。加油工在劳动过程中要从事诸多"非创效任务"，且从上文的描述中不难看出，"非创效任务"与"创效任务"之间并非没有任何摩擦系数。近年来，各种制度和政策的规制正在呈现不断加码的趋势，仅从本章中列举的几类"非创效任务"来看，安保、安全生产和环保的压力都步步升高，从未有放松的迹象。对加油工来说，他们劳动内容中的"非创效"部分的比例也在逐渐攀升。我们无意对这种现象做出解释，更不想进行任何价值上的判断。毕竟一种现象存在，就具有其存在的合理性。但正如新制度主义论者所言，任何制度都有成本，最终都要有人来买单。只不过，这些成本未必都以货币的形式来结算。

图书在版编目（CIP）数据

嵌套劳动：B市加油工的工作与生活／宫宝涵，宋琦，沈原著. -- 北京：社会科学文献出版社，2022.1
ISBN 978 - 7 - 5201 - 9633 - 8

Ⅰ.①嵌…　Ⅱ.①宫…　②宋…　③沈…　Ⅲ.①加油站－工作人员－工作－研究 ②加油站－工作人员－生活－研究　Ⅳ.①C913

中国版本图书馆 CIP 数据核字（2022）第 006899 号

嵌套劳动：B 市加油工的工作与生活

著　　者／宫宝涵　宋　琦　沈　原

出 版 人／王利民
责任编辑／胡庆英
责任印制／王京美

出　　版／社会科学文献出版社·群学出版分社（010）59366453
　　　　　地址：北京市北三环中路甲 29 号院华龙大厦　邮编：100029
　　　　　网址：www.ssap.com.cn
发　　行／社会科学文献出版社（010）59367028
印　　装／三河市东方印刷有限公司

规　　格／开　本：787mm × 1092mm　1/16
　　　　　印　张：11.75　字　数：173 千字
版　　次／2022 年 1 月第 1 版　2022 年 1 月第 1 次印刷
书　　号／ISBN 978 - 7 - 5201 - 9633 - 8
定　　价／79.00 元

读者服务电话：4008918866